小川さやか

SAYAKA OGAWA

チョンキンマンションのボスは知っている

アングラ経済の人類学

HEKIMA YA BOSI WA CHUNGKING MANSIONS

春秋社

チョンキンマンションのボスは知っている　目次

序　章　「ボス」との出会い　9

チョンキンマンションのボスとの出会い　15
ビッグブラザー、でもダメ人間　18
国境を越えるインフォーマル・ビジネスと開かれた互酬性　24

第1章　チョンキンマンションのタンザニア人たち　27

カラマのライフヒストリー　30
天然石から中古家電・中古自動車へ　38
思慮深い無関心　45

第2章　「ついで」が構築するセーフティネット　53
「プラットフォーム」としてのタンザニア香港組合

香港でコミュニティを築くまで　53
タンザニア香港組合の結成　61

誰にでも訪れうる不幸における助けあい 66
流動的なメンバーシップが生きる組合運営 72
「無理しないこと」を基準とする 78
「ついで」の論理 84

第3章 ブローカーとしての仕事 89

取引相手が自分を恋しくなった頃に会いに行く 93
カラマを専属にしたがるパキスタン系業者 100
香港の業者とアフリカ系ブローカーとの関係 102
中古車買いつけツアー 106
アバシとサミールの買い物内容 110
ブローカーという仕事 115
ブローカーが頼りにするのはブローカー 118
客＝友人ネットワークの不侵犯と情報のシェア 123

第4章　シェアリング経済を支える「TRUST」　127
「その人らしさ」でつながるネットワーク

SNSを通じた草の根の中古車オークション　128
協働型コモンズとしてのTRUST　133
「セーフティネット」としてのTRUST　138
最大の楽しみはInstagramのライブ中継　144
「信用」の欠如と「信頼」の創出を担う投稿　150
専門的な経済プラットフォームではない意義　155
「遊び」と「仕事」の順序　158

第5章　裏切りと助けあいの間で　165
成功する者、転落する者

ケータイ・ビジネスの成功者　166
「裏切られた」天然石輸入商　175
「収監された」衣類の交易人　182
仲間と生きることと独立独歩で生きることのはざまで　186

第6章　愛と友情の秘訣は「金儲け」　193
「ペーパー・ワイフ」と「ペーパー・ハズバンド」　194
香港のナイトライフ　197
シュガー・マミーとキベンテン　204
いつでも帰れるから、帰れない　211
香港での生活に埋め込まれた母国への投資　213
求められてはじめて決断する日が来たら　218
金儲けと人生の楽しみ　223

最終章　チョンキンマンションのボスは知っている　235
「ゆとり」のあるチョンキンマンションの暮らし　237
自他の「ついで」を飼いならす　239
無駄や取るに足らないことの意味　247
遊んでいることが仕事になる　252
リアルな人生と「かりそめの私」　259

愛されているという根拠なき確信　263
おわりに　269

チョンキンマンションのボスは知っている

アングラ経済の人類学

序章　「ボス」との出会い

香港の一〇月は夏日であり、半袖のTシャツ一枚でも蒸し暑い。「玩具箱をひっくり返したような」とも形容される香港は、色とりどりの看板を掲げて夜遅くまで営業する店のあいだを多様な人種・国籍の人々が行きかう、エネルギッシュな街だ。

私は、二〇一六年の一〇月から半年間、在外研究のために香港中文大学に客員教員として所属した。香港の目抜き通り弥敦道（Nathan Road）に立地するチョンキンマンション（重慶大厦）の安宿にチェックインした私は、荷物を置くとすぐに正面玄関に引き返し、香港中文大学のゴードン・マシューズ教授を待った。スマートフォン（以下、スマホ）片手に忙しそうにチョンキンマンションの玄関を出入りするアフリカ系住民を横目で追いながら、私の頭の中はこれからのフィールドワークをどうするかという悩みでいっぱいだった。

私は、もともと東アフリカのタンザニアで、マチンガと呼ばれる零細商人の商慣行や商実践について大学院で研究していた。最初にタンザニアに渡航したのが二〇〇一年の春なので、かれこれ一八年もタンザニアに通っていることになる。二〇一〇年頃から、香港と中国本土に様々な商品を仕入れに渡航するアフリカ系商人たちの交易活動に関心を持ちはじめ、このたびの学外研究では、中国—アフリカ諸国間の模造品やコピー商品とその比較対象としての中古品の交易システムを調査し、現代の海賊版ビジネスについて考察する計画を立てていた。

　世界各地から有象無象の交易人と労働者が中国・香港になだれこみ、模造品や偽物、コピー商品を含む中国製品を買いつけ、コンテナやエアカーゴで母国へと輸出する。生き馬の目を抜く中国市場で騙されたり失敗したりして転がり落ちても、次から次へと新たな挑戦者が中国・香港に向けて旅立っていく。中国・香港では、そうやって世界各地から集まってきた交易人と労働者たちがニッチを分け合いながら、独自の商慣行を築き、遠く離れた母国とインターネットを介してリアルタイムで通信しながら、巨大な交易ネットワークを形成している。私は、このような二一世紀初頭に台頭した国境を越えるインフォーマル経済の台頭そのものに胸を躍らせてしまったのだ。

　客員教員として私を受け入れてくれたマシューズは、アフリカをはじめ、南アジア、中東、中南米等、世界各地から零細な交易人や難民、亡命者などが集まるチョンキンマンションを舞台として民族誌[1]を書いた著名な人類学者である。彼とは、私の勤務する立命館大学大学院先端総合学

チョンキンマンション

術研究科に特別講師として招聘したことをきっかけに懇意になった。マシューズには香港に到着したら、チョンキンマンション内にあるインド料理店でディナーを食べようと誘われていた。

チョンキンマンションの玄関に突っ立っていると、「部屋は予約しているか」などと声をかけてくる南アジア系の安宿の客引き、「オネエサン、ニセモノ、トケイ、ミルダケ」と片言の日本語で声をかけてくる同じく南アジア系のコピー商品の販売人に囲まれる。慣れてきたら、コピー商品の売人について行こうと密かにたくらむ。

チョンキンマンションは、A棟からE棟の五棟で構成されており、一階（香港はイギリス式なのでグランドフロア）と二階（ファーストフロア）に、中国系と南アジア系の住民が経営するケータイ販売店や雑貨店、ミニスーパー、レストラン等がひしめき、三階から一七階に数多くの安宿が入っている。チョンキンマンションのシングルルームは、ベッドを一台置くと、あとはようやく人ひとりの歩くスペースが残るばかりの極小の部屋に、シャワーを浴びれば、必ずトイレが水浸しになる極小のバスルームが備えられている。スーツケースを広げるスペースはまったくないし、フィールドノートを書く机もないが、思ったよりは清潔だ。長期滞在割引もあるし、暮らしていけないこともない。

チョンキンマンションの三階にあるインド料理屋でマシューズと彼の日本人の奥様、院生たちと挨拶し、ひとしきり歓談を終えると、マシューズからおもむろに「どんな調査をする予定か」と尋ねられた。香港や中国南部の広東省広州市に集まるアフリカ系移民はいまや世界中の人類学者から注目を集め、すでに多数の論文・書籍が公刊されている。[2] マシューズも、チョンキンマンションの民族誌だけでなく、これらの移民たちが創出している「下からのグローバル化」について魅力的な論文集を出しているし、[3] 日本語でも立教大学（当時）の栗田和明が『アジアで出会ったアフリカ人——タンザニア人交易人の移動とコミュニティ』[4] を出版している。そのため、独自の視点が必要であるというのがマシューズの真意であると理解した。この時には、私は移民研究がしたいわけではないのだと説明したように記憶している。私はもともと贈与や所有、分配、市場交換、貨幣などをテーマとする経済人類学と経済思想に関心があり、コピー商品や模造品の交易に関わる実践を明らかにすることで、経済人類学の理論的な刷新や新しい経済思想に貢献することを（この時点では）企図していた——今振り返ると構想していた内容とはずいぶん変わってしまったのだが。ただ、私は彼らの商実践をもっと詳しく調べたら、オリジナルな発見があるはずだと無根拠な確信を抱いていた。自信があったわけではなく、先行研究とは、調査対象者たちの捉え方が違うように感じていたのだ。

上述したように、私は大学院生の頃にタンザニアで零細商人の研究をしていた。当時、インフォーマル経済を研究していると話すと、多くの人からアフリカ都市部の貧困問題や不安定な生存を余儀なくされている若者たちが抱える困難、あるいはインフォーマル経済に対する開発支援策を研究しているのだと勘違いされた。それらの研究の重要性に異議はまったくないが、私自身は、タンザニアの行商人や露天商、路上商人を「偽装失業層」「不安定就労層」に位置づけるインフォーマル経済の視座にあまり関心をもてなかった。参与観察のために路上商人に弟子入りした私にとって、零細商人たちはいかに零細で貧しくても、たとえ従業員を持たなくても、ユニークな発想や知恵、経営哲学や思想、手腕をもつ「起業家」であったのだ。実際に、私の師匠たちは「おまえはウジャンジャ（*Ujanja*）じゃない（賢さが足らん）」と時に呆れながら、「うまく騙すだけでなく、うまく騙されてあげるのが仲間のあいだで稼ぐうえでは肝要だ」「お前の騙し方は、バランスが悪い」など商売の鉄則を指南し、その独自の知恵と実践を通して「騙し騙されながら、助けあう」社会的世界を創出する方途をさまざまな方法で教えてくれた。

同じように、香港や中国にやってきたタンザニア人についても、たとえ難民や亡命者、不法労働者や商業的旅行者が大半だろうと、発展途上国から押し寄せた「移民」としてより、中国市場に挑む「起業家」としての彼らの側面に私はより関心を抱いていた。それゆえ私は、彼らがホスト社会や移出国とどのような関係を築いているのか、彼らがどのような新しい草の根のグローバリゼーションを創出しているのかといった点よりも、日本のIT起業家やソーシャルビジネスの実践者と共通するかもしれないし、異なっているかもしれない彼らの商慣行や商実践、社会関係の築き方のほうに光をあてたいと考えていたのだ。

ところで、人類学のフィールドワークの醍醐味は、文献研究を通じて企図した内容とは違う「想定外の」発見にこそある。興味ぶかい出来事や事実に遭遇した時に、柔軟にテーマや切り口を変更できるのもフィールドワーカーの資質である。と格好よく言ってみるが、要するに、フィールドワークで計画通りにいくことはめったになく、大部分は暗中模索なのだ。

香港中文大学で諸々の事務手続きをし、非常勤講師室に机を借りたり、文化人類学専攻のセミナー（ゼミ）に参加したり、広東語学校に通って語学力を伸ばしたりといった日々を送りながら、私は調査の糸口をつかもうと、チョンキンマンションのエレベーターやコインランドリーで居合わせたアフリカ系住民を見つけては話しかけてみることを繰り返していた。タンザニアで暮らした経験を話すと、たいていのアフリカ人は興味を持ち、立ち話が弾む。しかし「もっとお互いによく知り合うために、今晩ふたりで飲みに行かないか」と誘われると、尻込みしてしまう。頭の中では、詳しい話が聞けるチャンスじゃないかという声が囁くのだが、「オバサン」の年齢になった私にも一応、女性としての警戒心はあるのだ。そういうわけで二週間も過ぎると、調査の糸口すらつかめずに時間ばかりが過ぎていくことに焦りを感じるようになっていた。

チョンキンマンションのボスとの出会い

転機となる出会いが訪れたのは、香港に来て一ヶ月も過ぎる頃だった。その日、私は香港中文大学で、マシューズと、中国本土の広州市から電化製品を輸入しているボリビア人の調査をしているドイツ人の人類学者ジュリアン・ミュラーと一緒に、中南米・アジア・アフリカの三大陸における草の根のグローバル化（*Globalization from Below*）の動態を比較しながら、その共通性や差異を討論するラウンド・テーブルを開催した。その後の懇親会ですっかり打ち解けたジュリアンと、チョンキンマンション内のレストランで飲みなおすことになった。

正面玄関を入り、階段の手前で左に折れて、突き当りを左に曲がってしばらく歩くと、ナイジェリア料理を提供する店がある。私たちは廊下に面した椅子に座り、ビールを注文し、居合わせたナイジェリア人たちを巻き込んで夜遅くまで議論した。

ツイードの背広にハンチング帽を被った中年のアフリカ系の男性が通りかかった。一緒に飲んでいた一人のナイジェリア人が、「おい、カラマ」と彼を呼び止めると、「この女性はスワヒリ語が話せるらしいので、試しに何か会話してみてくれよ」と話しかけた。私がスワヒリ語で挨拶すると、彼は「俺は、ミスター・カラマ。チョンキンマンションのボスだ」と自己紹介した。この時には、カラマは、「おおっ、本当にスワヒリ語で会話しているぜ」というナイジェリア人の冷やかしを「世界は広いからな。そういうアジア人もいるさ」とかわし、すぐに立ち去ってしまった。後にカラマは、「君が俺と最初に知り合ったのは類まれな幸運だった」と語ったが、いま振り返ってもその通りだったと思う。この日のカラマとの出会いを契機に、私は香港そして中国に居住するタンザニア人たちの商売や日々の仲間関係に巻き込まれていくことになったからだ。

自称「チョンキンマンションのボス」とは、翌日の夜、近くの路上で偶然に再会した。カラマに声をかけると、彼はとつぜん「あああ、君は遅かった。本当に残念だ。もう数時間早く俺に会うべきだった」と大げさに嘆いてみせた。どういうことかと尋ねると、その日は香港在住のタンザニア人女性の誕生日パーティがあり、多くのタンザニア人たちがお祝いに駆けつけたのだという。スマホのフォルダーを開き、パーティの主役だというドレス姿のタンザニア人女性や数多くの若者たちの楽しそうな写真をみせながら、彼は「スワヒリ語が話せる日本人を連れて行ったらみんなを驚かせることができたのに」と残念がる。さらに彼は、毎週土曜日または日曜日に香港在住のタンザニア人たちが集う会合を開いているのだと説明した。

そこに行けば、タンザニア人たちと一挙に知り合うことができるじゃないか。どうやらカラマは、旅行者と同じように私も数日後には帰国してしまうと勘違いしているようだ。改めて自己紹介をして三月まで香港にいることを告げると、カラマは手を叩いて喜び、「それなら来週末のタンザニア人の会合には絶対に来い」と誘ってくれた。ついでに「でも会合に行っても俺が合図するまでスワヒリ語がわからないふりをしていてくれ。スワヒリ語がわからないと思って彼らが君についていろいろと噂するのを聞いた後に、とつぜんスワヒリ語で話しかけて、あたふたさせてやろうぜ」と、にんまりしながら即席のドッキリ企画も提案した。

カラマと電話番号を交換し、一日千秋の思いで一週間をやり過ごした。インタビュー項目のリストも作成し、万全の構えで翌週の土曜を迎えた。ところが、カラマは私との約束をすっかり忘れてしまったのだ。チョンキンマンションの正面玄関で安宿の客引きとコピー商品の売人たちの勧誘をかわしながら、約束の午前一〇時から昼過ぎまで彼を待った。何度かけても電話は通じない。

それでも諦めきれずにチョンキンマンションをうろうろして、ようやくカラマと連絡がついたのは、午後三時を過ぎる頃だった。電話口に出たカラマは、「ああ、ジャパニーズ。ごめん、ごめん。じつはケニア人の英語教師が中国で亡くなって、昨日緊急集会をしてしまい、今日の会合はなくなってしまったんだ。まあ、昼ごはんでも一緒に食べようよ」と気さくにいった。あっけらかんとしたカラマの態度に「何時間も待ったのよ」という怒りは失せてしまい、大人しく彼に連れられてタンザニア人の料理人がいるC棟のレストランに出かけた。

遅い昼ごはんを食べた後も、タンザニアでの思い出などを長々と話し込んでいたら、すっかり日が暮れていた。店を出て、「こっちこっち」と言いながらチョンキンマンション内をずんずんと突き進んでいくカラマについていった先で、私は唖然とした。なんてことはない。会合に行かなければ会えないと思っていたタンザニア人たちは、チョンキンマンションのすぐ脇の小道にたむろして、深夜まで雑談することを日課にしていたのだ。

ビッグブラザー、でもダメ人間

カラマは、二〇〇〇年代初頭に香港にやってきたタンザニア人の中古車ディーラーである。彼の笑いあり涙ありの波乱万丈なライフヒストリーは次章で紹介するが、カラマはなんとも形容しがたい魅力にあふれた人物である。

彼は、時々冗談っぽく「俺はもうジジイだ」としょげてみせるのだが、ふっくらとした丸い体つきに丸顔のカラマは年齢不詳で、私が初めて会った時は四九歳だったが、実年齢よりも若く見えることも老けて見えることもある。「カラマにあまりにそっくりだったので」と私がプレゼントした「パンダのTシャツ」を着てカンフーのポーズを決め、「一緒に写真を撮ろうぜ」とはしゃぐ彼の精神年齢はもっと不詳だ。

だが、カラマは「チョンキンマンションのボス」を自称するとおり、確かに多くの人々に一目置かれる人物であった。彼は、香港とタンザニアの間の草の根のインフォーマルな中古車ビジネスの開拓者であり、一五ヶ国以上のアフリカ諸国の中古車ディーラーとネットワークを持っている。タンザニア香港組合の創設者で、現副組合長である。香港にはじめてやってくる交易人たちは、先陣の交易人に「困ったことがあったら、チョンキンマンションに行ってカラマを探せ」と教えられるそうだが、事実、カラマのところには、毎日のように数多くの後続のタンザニア人たちが相談にやってくる。チョンキンマンションで店を構えるアジア人たちからも慕われており、喧嘩の仲裁に担ぎ出されることもある。スマホのアドレス帳には、タンザニアの上場企業の社長や政府高官からドラッグ・ディーラーや売春婦、元囚人まで多種多様な知人・友人が登録されており、三代にわたって大統領秘書を務めたという大物官僚が訪ねてきても、つい最近まで刑務所に収監されていたという若者が訪ねてきても、カラマはふだんの飄々《ひょうひょう》とした態度をまったく変えることなく接する。

「ムスリムは、四人まで妻《めと》を娶ることが出来る。だが平等に扶養し、全員を幸せにしないといけない」と語るカラマは、インドネシア人の妻との間に娘が、「ミス・ビクトリア湖岸地域」に選ばれたこともあるタンザニア人の妻との間に二人の息子がおり、それぞれに立派な家を建て、月々の仕送りをしている。噂によると、母親が違う六人の子どももいるらしい。最近では「もう妻はいらないけど、がつがつしていないジジイは意外とモテるんだよ」とさりげなく自慢しながら、マダガスカル人のセックスフレンドと毎週末に密会し、日曜の夜に会うと、「こ、腰が……もう俺も歳だ」などと言い、下ネタを連発している。

しかし、ふだんのカラマは「ビッグブラザー」「ボス」であることを忘れそうになる「ダメ人間っぷり」を遺憾なく発揮し、若者たちに「しょうがねぇなぁ」といった顔で世話を焼かれる人でもある。お洒落が大好きなくせに面倒くさがって洗濯をしない。何回か着ると誰かにあげるか、ビニール袋に無造作に放り込んだままにして、次々と新しい服を買うので、無駄に衣類代がかかる。儲かる月には二万四〇〇〇米ドルを稼ぎだす凄腕のビジネスマンだが、一〇〇〇米ドルしか稼げなかった月でも煽《おだ》てられると、見知らぬ若者にまで気前よく奢《おご》ってしまう。結果、生活費に困って若者たちに「ちょっとだけ内緒で都合をつけてくれないか」としょぼくれた顔でカネを借りることになる。時間にルーズで約束をぜんぜん守らない。なのに不思議と誰からも憎まれないので性質《たち》が悪い――かくいう私も彼が大好きなので、本当に困ってしまう。

出会ってしばらくして、カラマとの待ち合わせは、チョンキンマンションの二階にあるパキスタン料理店ビスミッラへと変更された。カラマはこの店の主人と懇意であり、いつも長机の一番端の椅子に何も注文せずに長々と居座っている。カラマがいうには、「この席は、俺のオフィスとして永久予約している」のだそうだ。だが、店が混んできて、「カラマ、そろそろどっかにいけ」と追い出される光景もよく目撃する……。

私は昼ごろになると長机の一番端のひとつ横の椅子に座り、ジョッキ入りのホットレモンティーを注文して彼を待つ。カラマは、毎日のように「明日は、朝一〇時から香港の中古車業者を回る。サヤカに中古自動車の輸出業とはなんたるものかをみっちり教えてやる」「明日は一四時に中古車業者の〇〇と約束しているし、その前に中古タイヤも仕入れたいから、一一時ぴったりに

上：ボスらしからぬボス、カラマ
下：著者とカラマ。フレンドリーなスナップもビジネスのツールに……

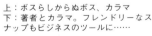

チョンキンを出発する。絶対に遅れるなよ」などと宣言するのだが、時間どおりに現れたことは一度もない。カラマは、夜明け近くまで母国の友人や家族とチャットをしたり、ネットサーフィンをしたりして、完全に昼夜逆転の生活をしている。親しくなってわかったことは、彼が起きてくるのは早くても昼過ぎ、たいてい一四時頃で、遅いと夕方になることである。就寝中はケータイをオフにしている――またはバッテリーが切れている――ので、大事な用事がある時には、彼を慕う若者たちが部屋まで叩き起こしにいくらしい。

カラマは待ち合わせから二時間、三時間と遅れてきても悪びれる様子なく、「やあやあ」とにこやかに挨拶しながらやってきて、いつもの椅子に腰掛けると、まず私にタバコをねだる。彼はチェーン・スモーカーであり、会う人会う人にタバコをたかるのだが、チョンキンマンションの住人たちは彼の健康を本気で心配して出し惜しみする。みな「これを吸ったら今日は最後にしろよ」「今日、何本吸ったか答えられたら一本だけあげる」と渋ってみるが、最後は懇願に負けてタバコをあげてしまうのだ。私が電子タバコに切り替えた後は、多くの人に「サヤカ、それをカラマにも土産に買ってきてやってくれよ。このままじゃ、やつは肺がんになって死んじまうよ」と頼まれるので、いちど彼に「試しにどうか」と勧めたが、「俺は、煙をふかすのが好きなんだよ。ふーってやるのが生きがいなんだ」と流されてしまった。

タバコを獲得した後は、昨晩のネットサーフィンでみつけた動画や画像を延々と披露しはじめる。「レースの最中にラバが交尾を始めてしまう」「プールに飛び込もうとして、つるりと足からすべり落ちる」といった実にくだらない動画に逐一笑ってみせるのはなかなかの苦行だ。第一、私は中古車ビジネスのフィールドワークに一刻も早く出かけたい。「今日は中古自動車業者の○○さんと一四時に約束しているんじゃなかったっけ？　すでに三〇分も遅刻しているけど大丈夫？」とせかしてみるのだが、「ノープロブレム、無問題《モウマンタイ》、ダイジョウブ」と一向に動じない。しかたなく動画や画像の披露が終わるのを待つと、次は腹ごしらえだ。ダイエットをしている彼は、砂糖抜きのレモンティーを注文して「一ヶ月も経ったら、ハンサムボーイだ」と威張っているが、定食を何杯もおかわりするので、まったくもって意味がない。そのあとも母国のタンザニア人たちとビデオコールをしたり、Instagram に自撮り動画を投稿したり――三回に一回くらいの割合で、カラマは私に電話を渡し、彼の友人たちにスワヒリ語で挨拶して驚かせてほしいと頼む――、ネットサーフィンしたり、通りかかるタンザニア人たちと歓談したりして、ようやく腰を上げるのはいつも夕方近くになってしまう。

ようやく腰をあげても、チョンキンマンションの玄関まで行き、雨が降っていたり、風が強くて寒いとわかると、「やっぱり明日にしよう」と約束をすっぽかしてしまう。ハメハメハ大王のようだ。「今日は仕事しない」と決めると、「お腹がいっぱいなので、ちょっとだけ昼寝（夕方寝？）してくる」と宿に戻っていく。次にカラマに会うのは、夜の九時過ぎ、仕事を終えたタンザニア人たちが小道にたむろしはじめる時間帯である。寝起きの顔でやってきたカラマはまずみんなにタバコをねだり、ネットサーフィンの成果を披露して……以下同じ。

　このような日々を過ごしていると、大いなる疑問が沸いてくる。この人はいったい、いつ仕事をしているのだろう。こんなにだらけていて取引業者に怒られたりしないのだろうか。

国境を越えるインフォーマル・ビジネスと開かれた互酬性

　案の定、カラマは取引先から怒られていたのだが、彼が遅刻したり約束を破ったりしていたことは、香港の業者と巧みに駆け引きしたり、他の移民たちと渡り合っていくための戦略/戦術の一端を成していた。笑いのツボが違うのか、私にはちっとも面白くない動画や画像をせっせと集めるためにネットサーフィンをすることも、複数台のスマホを駆使してチャットしたりビデオコールをすることも——彼らはみな一台のスマホで電話しながら、もう一台のスマホでチャットが出来る——、Instagram に格好をつけた自撮り動画を投稿しまくることも、香港で商売をする上で重要な仕事のひとつであった。それどころか、「いたずら」だと思っていた、私に知り合いたちにスワヒリ語で挨拶させる行為も、面白いポーズをして私と写真を撮ることも、彼の商売の拡大にちゃっかり「私」を活用しながら、私の居場所もつくってくれるギブ・アンド・テイクな独自の知恵だった。さらにダメ人間の証左だと先に挙げた、洗濯しないで次から次へと服を買うことも、見知らぬ若者にうっかり奢ってしまうことも、彼のビジネスに組み込まれていた。遊んでいるようにみせることが仕事で、ダメ人間にみえることがボスたる資質であったのか。

中国語はもちろん英語もあやしい、確たるビジネススキルもない、思いつきのように香港・中国本土の交易に乗り出すアフリカ人たち。彼らにはビジネスで成功できるか否かはともかく、とりあえず生きてはいける仕組みがあった。香港のアフリカ系住民たちのインフォーマル経済は、想像以上に「今っぽい」ものだった。SNSを駆使した商品オークション、インフォーマルな送金システム、クラウドファンディング、社会活動と連動するシェアリング経済……。と同時に、チョンキンマンションのボスと彼の仲間たちは、経済の根源的な姿を赤裸々に私たちに見せつける。

生きることと経済が乖離しているような、巨大な虚構の世界の仕組みに活かされているような先進国の私たち。「今っぽさ」と根源的な経済の論理が人類史的に交錯する。彼らの生き様は未来の人類社会のあり方を模索する人たち、シェアやつながり、シンギュラリティやベーシックインカムに関心を寄せる日本人にも関心を持ってもらえるだろう。「誰も信用しない」ことを掟とする世界で、誰にでも開かれた互酬性を基盤にしたビジネスモデルと生活保障の仕組みを同時に構築する彼ら。絆の強調、自由の強調、他者への配慮と他者と関わることの面倒くささ、様々な局面で袋小路に入ってしまった日本。このエッセイによって、香港で生きるタンザニア人の生き様と彼らの織り成す経済のしくみを読み解いていくことで、私たちの未来を考えるヒントを提供できたら幸いである。

注

（1）Mathews, Gordon（2011）*Ghetto at the Center of the World: Chungking Mansions, Hong Kong,* The University of Chicago Press.
（2）たとえば、Bodomo, A.（2016）*Africans in China: Guangdon and Beyond,* Diasporic Africa Press.
（3）Mathews, G., G. L. Ribeiro and C.A. Vega（eds.）（2012）*Globalization from Below: The World's Other Economy,* Routlege. および Mathews, G., L.D. Lin and Y. Yang（2017）*The World in Guangzhou: Africans and Other Foreigners in South China's Global Marketplace,* University of Chicago Press.
（4）栗田和明『アジアで出会ったアフリカ人——タンザニア人交易人の移動とコミュニティ』昭和堂、二〇一一年。

第1章　チョンキンマンションのタンザニア人たち

夜一〇時ごろ、チョンキンマンションの脇の路地には、毎晩、数人から十数人のタンザニア人たちがたむろしている。この路地では、昼間、中国系の路上商人が観光客向けにスーツケースやリュックサックを販売している。タンザニア人たちが路地に集まり始めるのは、中国系の路上商人が店じまいをした後の夜九時前後で、この時間になると、この細い路地では人通りが途絶え、チョンキンマンション内部から漏れてくる蛍光灯の明かりがわずかに照らすばかりの薄暗い場所になる。彼らがたむろしている場所から数メートルほど奥まった場所では立ち小便をする者がおり、あたりいったいは独特の匂いが立ち込めている。だが、壁沿いに腰掛けるのにちょうどよい高さのコンクリートの突き出しがあり、長時間、たむろするには都合が良いのだ。

誰かが現れると、先に腰掛けていた者が少しずつ詰めて座り、スペースを空けていく。集まった者たちは、時折、母国の政治談議やゴシップに花を咲かせたりするが、ほとんどの時間、彼らはとくに会話をすることもなく、タバコをふかしながら、スマホでネットサーフィンやSNSをしたり、思い思いの時間を過ごす。彼らは群れてはいるが基本的には、それぞれのやり方でそれぞれの人生を香港で紡いでいる。

香港で出会ったタンザニア人たちは、香港に留まって主に仲介業をする「長期滞在者」(ブローカー)と、香港および香港を経由して中国本土での商品の買いつけをおこなう「短期滞在者」(交易人)の二つに大きく分けられる。チョンキンマンション脇の路地に集まるタンザニア人のほとんどはだいたい同じ顔ぶれの長期滞在者であり、香港や中国に商品を仕入れにきた交易人がそのつど入れ替わる。

香港に比較的に長期間滞在しているタンザニア人たちは、さらに「難民」として暮らしている者、「オーバーステイ(不法滞在)」になっている者、ビザなしで滞在できる期間を中国本土やマカオ、あるいはタイなどの近隣アジア諸国と行き来することで更新しつづけている者に分かれる。タンザニア人はビザなしで三ヶ月間香港に居住できるが、意図したかどうかは別として、様々な理由で難民となったり、不法滞在になっている者も多い。

長期に滞在するタンザニア人たちの主な仕事は、短期滞在型の交易人たちの輸出入のアテンド・仲介業と、インフォーマルな輸出・輸入業である——彼ら自身は、スワヒリ語で「仲介業者」「ブローカー」を意味する「ダラーリ（*dalali*）」と自称することが多いので、以下では便宜的に「ブローカー」と呼ぶ。

彼らの中には、中国の大学・専門学校への留学経験をもっていたりして、英語に加えて中国語・広東語も堪能な者がいる。ブローカーたちは、香港および中国本土、特に商取引きのメッカである広州市や義烏市（Yiwu）などで商品を仕入れる、あるいはアフリカ諸国から鉱物資源や農産物などを香港・中国へ卸しにきたタンザニアの交易人たちの便宜を図ることで、収入を得ている。ブローカーに依頼すれば、空港への出迎えから香港での宿泊施設の予約、レストランや日用雑貨店などの紹介、ビジネスのコンサルティング、香港での商品の仕入先／卸売り先の業者への仲介、通訳、値段交渉、取引締結の書類作成、輸送手続きの代行まで、必要とあれば、二四時間付き添ってあらゆる便宜を提供してもらえる。そのため、中国語はおろか英語もあやういタンザニア人がはじめて香港にやってきても何の心配もない。

また多くの交易人たちは、香港で中国ビザを取得し、広州市や上海市、義烏市などで商品を買いつけることを最終目的としている。香港が経由地となる場合には、中国ビザの取得代行、中国本土へ向かう電車や飛行機、バス、フェリー等のチケットの手配、中国本土にいる仲介業者への取次ぎなどもブローカーに依頼できる。

ただし、ブローカーを雇えば、それなりに高額のアテンド料や仲介手数料を支払うか、香港／

中国で仕入れた商品の売り上げの数パーセントを成功報酬として支払うことになる——さらにブローカーのすべてが「善人」とは限らない。

また、長期滞在者の多くは、短期滞在型の交易人たちのアテンド・仲介業に加えて、それぞれ個別のビジネスを持っている。中古自動車や中古家電製品、ケータイ、衣類雑貨などの輸出業、アフリカ産の天然石や海産物などの輸入業が主であるが、それ以外にも様々な「裏稼業」が存在する。

彼らの暮らしやビジネスについてはこれから徐々に明らかにしていきたいが、まずは本書の主人公「チョンキンマンションのボス」であるカラマの生活史を紹介しながら、どのような経緯で彼らが香港で商売をするようになったのか、それはどのような生き方なのかを説明したい。

カラマのライフヒストリー

カラマは、一九六八年一〇月一一日にタンザニアの首座都市ダルエスサラーム市近郊のチャリンゼ県で生まれた。現在は五一歳である。父親は、ザンジバル出身のオマーン系アラブ人、母親はダルエスサラーム出身のアフリカ系のザラモ人であり、カラマはアラブ系とアフリカ系の「ダブル」である。彼自身はどちらかというとアフリカ系の風貌をしているが、アラブ首長国連邦の

上：夜のチョンキンマンション
下：チョンキンマンションの路地にたむろするタンザニア人たち

ドゥバイで暮らす彼の兄弟には「現地のアラブ人に間違われる」風貌の者もいる――私は彼から兄弟の写真をみせてもらった時、「腹違いじゃなくて、本当に同じ両親から生まれた兄弟なの？」と何度も聞き返してしまった――。

タンザニアの教育制度は、初等教育が七年（Standard 1~7）、前期中等教育が四年（Form 1~4）、後期中等教育二年（Form 5~6）であり、カラマの最終学歴は、前期中等教育（Form 4）卒業である。彼は折につけ自分は勉強がたいへんよくできたと語る。前期中等教育課程四年の時に、彼は学校の試験で年間を通じて一番をキープしたそうだ。その時に二番だった学友は大学へと進学し、現在ではタンザニアの某省庁の長官になっているという。貿易業や飲食店経営、畜産業など幅広くビジネスを展開していた彼の父親は、彼が前期中等教育を終えると「これ以上勉強して何の役に立つのか」と進学に強く反対し、自身の商売を手伝うようにいった。カラマは、「ザンジバル出身のオマーン系アラブ人の多くは、商売で成功してこそ一人前だという考えを持っていて、親父はその典型だった」と語り、昔は自分も父親の考え方にそれほど疑問を持たなかったという。しかし、その後に香港や中国など外国で長く暮らし、今では高等教育を受けたかったと語る。

カラマには、二人の妻がおり、さらに若いガールフレンドや婚外子も大勢いるのだが、「もし後一人妻にするとしたら」、経済学に加えて法学の学位を取得しようとしている二五歳のガールフレンドを選ぶのだと口癖のように語る。彼が香港に滞在しタンザニアを不在にしても、彼女であれば、「母国でのビジネスを安心して任せられるから」と。

カラマが香港にやってくる契機となったのは、母国にいるときに始めた天然石の輸出業である。カラマの一族は本人曰くタンザニアの「オマーン帝国時代のロイヤルファミリー」の末裔で、チャリンゼ県有数の富豪でもあり、いわゆる名家である。親族一同が様々なビジネスを展開しており、アラブ諸国をはじめとして海外に居住する者も多い。カラマは卒業後、親族が経営するガソリンスタンドを手伝っていたが、二〇〇三年につぶれてしまったので、モロゴロ州の鉱山で天然石の卸売り業に携わっていた親族を頼って、天然石のビジネスを始めた。鉱山のあるモロゴロ州の三つの村から、シトリンなどの天然石を仕入れ、それをダルエスサラーム市やアルーシャ市に運び、海外へ輸出する業者に販売する仕事を約六ヶ月間した。ダルエスサラーム市でクラスメートだったムッサ（仮名）が、タイと香港に天然石を輸出しており、カラマがモロゴロ州の村で仕入れた天然石（二二トン）を良い値段で買い取ってくれた。資本を獲得したカラマは、エネルギー鉱物省から「鉱物資源の輸出業」の営業許可を取得し、香港へ天然石を輸出するビジネスに乗り出した。二〇〇三年一二月末、カラマは全財産をはたいて天然石と比較的安価なケニア航空のチケットを購入し、香港へとやってきた。天然石の輸出手続きとチケットの購入を済ませると、五〇米ドルのポケットマネーしか残らなかったという。

ムッサに香港市場へ乗り出す計画を語ると、彼は「道案内の代わりだ」と小さな紙切れをくれた。その紙切れには、天然石を買い取る香港業者のアドレスと、当時のタンザニア人たちがご用達にしていたチョンキンマンションA棟七階の安宿の名前が書かれていた——ちなみに二〇一九年四月のタンザニア人たちご用達の宿はB棟一七階である——。カラマはこの二つの情報だけを頼りに一人で香港にやってきた。

先に述べたとおり、タンザニア人は、三ヶ月間、香港にビザなしで入国できるが、「不法労働目的」ではないことの確認のためか、入国審査では復路の航空チケットや取引相手の中国企業からの招待状、あるいは香港での商品の仕入れに十分な「ショーマネー」を提示するように求められるという。入国審査官に五〇〇米ドルしか所持していないことを怪しまれたカラマは、ムッサが渡してくれた香港の天然石業者のオフィスのアドレスをみせて何とか無事に入国した。空港で五〇〇米ドルを換金すると、約三八〇〇香港ドル（当時のレートで日本円に換算すると約五三五〇〇円）となった。なんとも心もとない金額だったが、三三香港ドルを支払ってバスに乗り、無事にチョンキンマンションまでたどり着いた。教えられたとおり、A棟七階の安宿に向かうと、エレベーターでばったりムッサに再会した。

天然石を積んだコンテナを乗せた船が、タンザニアを出港して香港に到着するまでには通常、二三日から二六日間ほどかかる。商品の到着を待つ間、カラマは、ムッサや彼の仲間たちから香港での天然石ビジネスを学んだ。そして、およそ二ヶ月かけてタンザニアから輸入した天然石を売り切ることができた。

その後、ムッサたちはそれぞれの天然石の卸売りを終えてタンザニアへと帰国していったが、カラマは一人香港に残って独自の市場を探すことにした。「天然石の商売は上手くいけば莫大な利益を得られるが、投機性が高すぎる」と考えたそうだ。香港で一旗あげることに決めたカラマは、ビザなしで滞在できる三ヶ月が終わる前に中国本土やマカオに出て香港に再入域することを繰り返し、香港に長期滞在するようになった。


カラマは、天然石を販売して得た利益で、その当時に「ホット」なビジネスであったケータイやスマホの輸出業を試みた。しかしなかなか商売を軌道に乗せることができなかったようだ。また今とは異なり、二〇〇四年当時は、香港を経由して中国へ向かう交易人は数多くいたものの、香港に長期滞在するタンザニア人は現在よりずっと少なかった。中国に向かう交易人たちは長くても一週間、最短一日で下りる中国ビザを得たら直ぐに中国本土に向かうので、香港での日々を分かち合える仲間はいなかった。

彼は当時を振り返り、夕方になると、林立する高層ビルを眺めながら、「ここには無数の人間が住んでいるのに、誰とも話をしないで日々が過ぎていくなんて、自分はなんて遠いところにきてしまったのか」と幾度となく、ため息をついていたと語る。さらに、かつての香港では今よりもさらにアフリカ系に対する偏見や差別感情が強く、電車に座ると香港人が慌てたように飛びのいて別の座席に移動したり、エレベーターで乗り合わせた若い女性に鼻をつままれたり、落し物を拾ったので声をかけると悲鳴をあげられたりと、現在ではすっかり慣れてしまったことにも昔は深く傷ついたという。カラマはたまに道行く見知らぬ香港人を呼び止め、（本当は何もついていないのに）「何かついていますよ」と頬や口の端をつついてみせ、驚いた香港人が袖などで頬をこすると「取れました」とにっこり笑うという「いたずら」をして、香港人と他愛もないおしゃべりを始める。私が「まったくもう、いたずら好きなんだから」とツッコミを入れると、孤独だった日々で「香港人と仲良くなるために編み出したテクニックなんだよ」としんみりとした表情をされた。

生活の糧を探すため、天然石の卸売りで知り合った中国人の張さん（仮名）に相談すると、彼は石を洗う日雇い労働を与えてくれた。カラマは、来る日も来る日も冷たい水で天然石を洗って泥を落とす仕事をした。水仕事で指の皮が剥け、石の角や破片で手が切り傷だらけになった。黙々と石を水で洗い、バケツに入れて運んだり、整理したりする仕事は、重労働であり退屈でもあった。一日九時間働いて手取りは一五〇香港ドル。当時は、現在よりもチョンキンマンションの宿泊料は安く一泊五〇香港ドルでシングルルームを借りることが出来た。残りの五〇香港ドルで食費や交通費を捻出し、毎日五〇香港ドルを貯めることにした。休日になると、地下鉄（MTR）で深水埗（Sham Shui Po）駅まで行き、衣料品店の集積地区でタンザニアに輸出できそうな衣類を探した。しだいに売れ筋の衣類の目利きになり、どこに行けば良い品が安く手に入るのかもわかってきた。

ある日、たまたまチョンキンマンションで出会ったタンザニア人交易人に頼まれて深水埗の衣料品マーケットを案内した。自身の買いつけのついでに連れて行っただけなのに、お礼をはずまれた。そこで、香港・中国本土に商品を仕入れにくるアフリカ人交易人をチョンキンマンションなどで探し、深水埗を案内したり、売れ筋商品を探しだす手伝いをしたり、香港人の店主との交渉を代わってあげることで手数料を稼ぐことを思いついた。この仕事で一日に三〇〇香港ドルを稼ぐことができるようになったので、石洗いの仕事をやめてブローカー業に専念することにした。

数ヶ月続けていると、カラマの名前は香港に初めて渡航する交易人の間に広まり、スマホのアドレス帳は顧客リストでいっぱいになった。カラマは、「正直、はじめて香港にきたアフリカ人を騙すことは簡単だったんだ。でも俺は、最初に取り決めた額の手数料以外をもらおうとしなかったので、多くの人から信頼を得たんだ」と胸を張る。

天然石から中古家電・中古自動車へ

香港に来て一年が過ぎた二〇〇五年初頭になると、カラマは中古家電製品の輸出業へと乗り出す。コピー商品が多い中国本土に対して、深水埗の露店やアウトレット店などで本物のブランド品を安価に発掘すると思わぬ利益を得られることもあるが、やはり衣料品は中国本土のほうが圧倒的に安く、それほど大きなビジネスにはならなかった。西鉄線の錦上路（Kam Sheung Road）駅からバスで数十分の錦田（Kam Tin）地域には、中古の冷蔵庫やテレビ、自転車、自動車などを販売する店舗や解体業者が集積している。高層ビルがひしめく中心部と違い、平屋や低層ビルが残る緑豊かな地域だ。この地域は現在ではチョンキンマンションに次ぐアフリカ系住民の居住地域となっているが、当時はごく普通の郊外の町だった。

冷蔵庫やテレビなどの中古家電製品の輸出業はたいへん儲かり、二〇〇六年頃になると、月に二〇〇〇米ドルから三〇〇〇米ドルを稼ぎ出すようになった。そこで、中古家電製品に加えて、中古車自動車の輸出業へとビジネスを拡大した。彼は、一軒一軒、解体業者や中古自動車販売業者を訪ね歩き、地道に人間関係を築いたという。ふだん怠け者モード全開のカラマが毎日朝早くから晩まで広い地域に点在する業者を歩きまわり、けんもほろろに追い返されたりしながらも、粘り強く取引を開拓していったという思い出話に、私が「本当にそんな営業マンみたいなことをしていたの？」と失礼なツッコミをいれると、カラマは、「そうだよ。歩くのをやめても食事の量が変わらなかったから、丸々と太ったんじゃないか」とチャーミングに切り返した。

実際、カラマと一緒に香港の解体業者や中古自動車販売業者――中国系またはパキスタン系住民が多い――を訪ねると、勝手に店の冷蔵庫を開けてジュースを飲んだり、従業員用の昼食を食べたりして我が家のようにくつろぐカラマを温かく迎え入れてくれる。

次第にカラマの名前は、タンザニア以外のアフリカ諸国の中古車ディーラーにも知れ渡るようになった。彼は、母国タンザニアに加え、ケニア、ウガンダ、コンゴ（民主主義共和国）、ブルン

時にはボスらしく見えることも

ジ、ルワンダ、マラウイ、ザンビア、モザンビーク、ナイジェリア、ガーナ、ガンビア、ニジェール、コモロ、マダガスカル……一五ヶ国以上のアフリカ諸国のディーラーと顧客ネットワークを築くにいたった。

同年、カラマは香港に出稼ぎにきていたインドネシア人の小柄な女性と恋に落ちた。しばらく逢瀬を重ね、彼女が妊娠したことを契機にチョンキンマンションの小さな部屋で同棲をはじめた。その後、一念発起して二五〇〇香港ドルの家賃を払って銅鑼湾（Causeway Bay）でアパートを借り、新婚生活を始めた。

だが、娘が生まれてまもなくの二〇〇七年七月、ついに不法就労がばれてしまった。香港の滞在可能期間を延長するために中国へといったん出た後に香港へ再入域しようと試みたところ、カラマは入域を拒否されてタンザニアに強制送還されてしまったのだ。

為す術もなくいったんは母国に帰ったものの、寝ても醒めても、香港に残してきた娘のことが頭から離れず、四ヶ月後の一一月には香港への密入国を決意する。中古自動車の輸出業で懇意になったパキスタン人の友人たちに支援してもらい、まず中国に密入国し、さらにそこから難民・亡命者らと一緒に漁船に乗り、香港へと密航した。乗り合わせた他の難民とともにカラマも逮捕され、収容所に収監されたが、そこで経済的困窮を訴えて香港政府から難民としての認定を得た。

私はカラマと知り合ってすぐに、アフリカ諸国のなかでは比較的に安定したタンザニアの出身にもかかわらず、どういう経緯で難民として認定されたのかと不思議に思い、その理由を尋ねたことがある。カラマは「難民になる気なんてまったくなかったんだ。これっぽちもさ」と大げさな身振りで答えた後、次のように説明した。

「香港に密入国することを決意したのは、ひとえに娘のためだ。俺が戻らないと、気弱な妻と幼い娘は絶対にサバイブできないと確信していた。それで香港に密入国した際に刑務所に収監されずに済む唯一の方法が、嘘をついて難民になることだったんだよ」

難民として認定されれば、香港に合法的に長期滞在できる。住居費の補助と食費券、医療等の社会サービスも無料で受けられる。香港の住宅賃貸料は世界で一、二を争う高さであり、これらの補助ではとうてい暮らしていけない。香港政府は道路等の公共の清掃業など一部の決められた職業に就業することを認めているが、一旗揚げに来た彼らはそのような細々とした仕事をしたいわけではない。また、難民認定を受けると、香港から一歩も出られなくなる。いったん国外へ出てしまうと難民としての身分は失効し再入国も難しくなる——カラマたちは「名前を変えてパスポートを取れば、余裕だぜ」とも言うのだが——。ともかくカラマはこの日より現在まで一〇年近くも母国の地を踏んでいない。それどころか電車や船ですぐの中国やマカオに出かけることさえできなくなった。カラマは、最近ではホームシックに駆られることが多くなったとこぼす。

さて、カラマがほうほうの体でチョンキンマンションに帰り着くと、追い討ちをかけるような事態が待っていた。かつて親切にビジネスを教えてあげた仲間たちが、「もうカラマは二度と香港に戻って来ることができなくなったので、中古自動車ビジネスは俺たちのものだぜ」と祝杯をあげている現場を目撃してしまったのだ。カラマは自身の不幸を肴に祝杯を挙げる仲間の姿を目の当たりにして愕然とし、しばらく人間不信に陥った——今ではとっくの昔に水に流したというが、「嫉妬は最大の敵だ」が口癖だ。

それでも香港に戻って数年間の商売は、おおむね好調で香港の暮らしには楽しいこともたくさんあったようだ。香港に戻った彼は、毎日、錦上路の中古車解体業者や販売業者を回り、これぞという中古自動車をみつけてはアフリカ諸国にいる顧客たちに電話やメールで営業をかけ、月に七〇〇〇米ドル、多いときには一万米ドルを稼いだ。香港・中国に買いつけにやってきた若い交易人や新参のブローカーたちからは「アニキ」として慕われ、若者たちをつれて夜な夜な中環(Central)や湾仔(Wan Chai)のバーやクラブに繰り出した。香港のクラブに集まる欧米人をターゲットにしたアフリカ系セックスワーカーたちからも頼りにされ、若い女性から年上の女性まで「とにかくモテて困った」とにやにやする。

カラマは、二〇〇九年頃から香港に衣料品や化粧品を仕入れに定期的に訪れるようになった、タンザニア人女性フィパ(仮名)と新しい恋に落ちる。フィパは、タンザニア北西部のビクトリア湖岸沿いの都市ムワンザ出身の、インド系タンザニア人とアフリカ系との「ダブル」であり、もちろんインドネシア人の妻は、フィパとも息子をもうけ、約八年間、内縁関係を続けた後に正式に結婚した。もちろんインドネシア人の妻とは大喧嘩になった。それまで大人しくて気の弱い性格だと信じていたインドネシア人の妻は、突如「ジャガーに変貌した」という。また、彼女とのあいだに生まれた娘のハディジャは愛らしく賢い少女に育ち、仕事場からタンザニア人たちの会合までカラマの行く先々ならどこにでも着いてきたのだが、フィパと密会する時だけは、「パパなんて嫌い」「行っちゃダメ」と怖い顔をされたと、困ったように語る。

中古車輸出業で稼いだ利益の大部分は、家族や母国の親族への支援と、母国の様々な事業(project)に投資した。まず四〇〇ヘクタールの農地を購入した。さらに農産物加工工場を設立した。解体現場で安価に建材を仕入れ、親族経営のガソリンスタンドを再建し、現在も併設するスーパーマーケットを建設中である。フィパと息子のためにダルエスサラーム市シンザ地区に豪奢な家も建てた。余裕がある時には、深水埗で子ども服を大量に購入したり、中国へ交易に向かうタンザニア人に依頼して靴やカバンを安く購入し、地元チャリンゼの子どもたちに贈った。そのような慈善活動について彼は、「地元の名士」であり、チョンキンマンションのボスとしての「大事な役目」だと語る――この話は第6章で後述する。

すくすくと育っていく娘を見ながら、カラマは「このまま香港で暮らしたら、娘は両親のいずれの文化も言語も十分に知らずに成長するのではないか」と思い悩むようになった。そして娘と妻をインドネシアに帰す苦渋の決断をする。タンザニアの親族に娘を預けるよりは、母親と一緒にインドネシアのコミュニティで暮らすほうがよいだろうと考えた。だが、いざインドネシアに旅立つ妻と娘を見送りに空港にいくと、どうしても娘と離れがたくなり、「やっぱり離れ離れになりたくない」と大泣きして暴れ、仲間のタンザニア人たちに羽交い絞めされて、ようやく妻と娘を送り出したと照れくさそうに回想する。

彼はその後に妻の故郷の村に家を建て、いまでも毎月、生活費として四〇〇米ドル、必要に応じて学費や医療費などを送金している。私といる時にも頻繁にインドネシアの妻からビデオコールがかかってくるが、彼はものの数分もすると「ハディジャを出せ」と要求する。ハディジャに「いまテレビを見ているから、いや」などと電話に出るのを拒まれると、見ていて面白いくらいにしょんぼりしてしまうカラマは、愛すべき父親なのかもしれない。

二〇一二年頃になると、香港で中古家電や中古自動車を仕入れて輸出するタンザニア人の数は激増した。競争相手が増えて彼のビジネスはかつてのようには儲からなくなっていった。時には生活費にも困窮するようになり、カラマも様々な工夫を凝らすようになった。

旧正月の少し前、一月下旬ごろから五月頃までは香港・中国のビジネスは全般的に不調になる。

そこで余裕がある月に中古自動車を購入して取り置いてもらい、ビジネスが低調のシーズンにそれを販売して生活費を捻出したり、香港と中国を行き来する交易人たちに親切にする見返りに、コツコツと買いためておいたスマホを彼らの荷物と一緒に輸出し、いくらかの小遣いを稼いだりするようになった。また、二〇一三年ごろからタンザニア香港組合の設立に向けて奔走するようになり、SNSのプラットフォームを使ってビジネスの安定化を図る独自のしくみも構築した——このタンザニア香港組合とSNSを使ったビジネスのしくみについては、次章以降で詳しく紹介したい。

カラマはいま「キングサイズのベッドに子どもたちを寝かせて、その真ん中に王様のように寝るのが夢なのだ」と語る。だがその後に私に聞く。「ところで、サヤカ、日本ではどんな商売が儲かるのか」と。

思慮深い無関心

チョンキンマンションは、しばしば「魔窟」であるとか「犯罪の温床」であると表現される。他方で、実際に宿泊した客から寄せられた「なんてことはない安宿だった」という感想もネット記事やブログなどで散見される。多くのバックパッカーがしているように、少し狭い安宿として快適に利用することは十分に可能であるし、そもそも観光や取材で入り込める場所は限られているので、普通に宿泊する上では何ら問題はないはずだ。無許可のレストラン等は看板を出しておらず、仲間でなければ辿りつくことすら難しい。昼間は正規のレストランだが、深夜になると看板とは違うレストランとして非正規に又貸しされていることもよくあるが、「私、○○の友だちで、中で待ち合わせしているの」などと彼らの仲間の名前を告げないとドアすら開けてもらえない。もちろん表の稼業があれば、裏稼業をわざわざ喧伝することはない。誰が合法的な滞在者で誰が違法な滞在者・労働者であるのかを知ることは、いろいろな意味で容易ではない。非正規の営業や麻薬の取引といった犯罪は知っている人にはいつでも見えているし、知らない人には目の前で展開していても見えないものだ。

私はここで自分が事情通であると言いたいわけでは決してない。知らないで済ませられること、知ってしまえば覚悟が必要なことに「敢えて踏み込まない」という態度、「これより先は、知りたくない」という寸止めの態度は、チョンキンマンションに長く暮らしている人々自身も実践していることである。そのような態度は、平穏に自らの人生を紡ぐ知恵でもあるし、様々な事情を抱えた人々とつきあうための配慮にもなりうる。私も知らなくても済ませられることは、うすうす気づいていても知らないふりを決め込むことにしている。

カラマ曰く、香港の刑務所には四〇〇人以上のタンザニア人が収監されているという。不法滞在・不法就労の容疑で拘禁されている者のほかに、麻薬の密輸や窃盗等の犯罪行為で収監されている者もいる。麻薬の末端価格はタンザニアより香港・中国のほうが高い。これらの囚人は香港・中国に麻薬を持ち込んだ者たちである。

もちろん彼らはかつてチョンキンマンションの住人だったし、潜在的な囚人や刑期を終えた元囚人はいまもチョンキンマンションで暮らしている。それらの人々がスーツを着たビジネスマンだったり、家族を愛する良き父親だったり、敬虔なイスラーム教徒の女性だったりすることは珍しくない。

The East African紙の二〇一七年七月二一日の記事によれば、七月の時点で、二〇〇〇人以上のタンザニア人が違法薬物の所持・売買で海外の刑務所に収監されており、うちケニアの刑務所が六六〇人、イランが六三〇人、南アフリカが二九六人、中国が二六五人、インドが二六〇人であるという。

タンザニアでは、二〇一五年に麻薬取締りに関する旧法が廃止され、二〇一七年二月に「麻薬に対する戦争（war on drugs）」が宣言された。タンザニア政府は、政治家や音楽家などを含む「大物／元締め（big fish）」麻薬ディーラーの容疑者リストを証拠固めが不十分な段階で公開した。その多くは中国・香港との交易に従事する人々であったことから、中国・香港に頻繁に渡航している交易人たちは、母国の住民から不審の目で見られることになった。

実際に、タンザニアでは「突然に羽振りが良くなった」「堅気の仕事では困難な富裕化を遂げた」という周囲の人物を麻薬売買の疑いがあると当局に密告する「魔女狩り」のような事態が生じた。二〇一七年三月頃、香港のタンザニア人のあいだでは、麻薬関連の話題で持ちきりだった。容疑者としてリストに載った一人は、自分はハードウェアの貿易業で成功しただけだと怒り心頭で政府関係者に電話したという。本当のことはわからない。彼は麻薬を扱っているという人もいるし、彼は絶対にしていないという人もいる。私にとっては、冗談好きで親切な若者である。中国の広州市に出かけた際に、私は香港のタンザニア人たちに土産を購入した――ちなみに彼らの子どもたちに渡す玩具や雑貨などだ――。彼は、私が大きな袋を抱えて駅に向かったという仲間からの目撃情報を聞いてわざわざ電話をかけてきた。「誰かから預かった荷物じゃないよな？もしそうなら、俺が中身（に麻薬が入っていないか）を確認するから待て」と。

香港や広州市で出会うタンザニア人たちは仲良くなると、誰もがこっそり忠告してくれる。「どんなに良い人にみえても他人の荷物を運んではならない」「チョンキンマンションの○棟△階×号室には遊びに行ってはならない」「○○たちとおしゃべりするのも、みんなで遊びに行くのも全然かまわない。だが二人きりで出かけてはならない」「誰も信用してはならない」と。しかし、そう忠告する彼らはいつも「俺／私以外は」といった顔をしている。また必ず「みんなに俺／私が教えたって言っちゃダメだよ」と耳打ちし、本人の前では「彼／彼女なら、信頼してもいい。一〇年以上の知り合いだけど、一度も喧嘩したことがない」と涼しい顔をして話す。

長く香港で商売をしているタンザニア人たちは、どこで何が取引されているのか、誰がどんな犯罪に関わっているのか、特定の行動がどのような意味を持つものかを知っている、あるいはうすうす気づいている。だが、だからといって彼らとのつきあいをやめるわけではないし、距離を置いた表層的なつきあい方ばかりをしているわけでもない。特定の人びとが友人としてみせている一面においては、それはそれとして真剣につきあっている。


二〇一六年のある日、チョンキンマンション脇の路地に見慣れない若者、レナード（仮名）が加わった。レナードは上海の大学を卒業したばかりで、英語教師をしながら、中国で外資系企業をおこすために資金を貯めていた。彼は、吸水性がよく薄型で撚《よ》れにくい生理用ナプキンなどの衛生用品の貿易業を計画していた。中国の工場を訪ね歩いて商品説明を受けているビデオを見せながら将来の夢を語る彼は、生き生きとしていた。中国の幼稚園児に英語を教える仕事も楽しいようで、「みんな初めて俺の顔を見た時には大泣きしたんだよ」とはにかみながら、子どもたちに抱きつかれている写真を大事そうに持ち歩いていた。

だが、英語教師の雇用契約を更新する際にトラブルが起き、詳しくは書けないが、グレーな方法でビザを取り直す必要が生まれた。それでレナードは、香港のハスラーたちを頼ることになった。パスポート不所持の状態になった彼は、ある天然石ブローカーの部屋に引きこもり、チョンキンマンション内のレストランや深夜の路地以外は姿をみせなかった。ある日、レストランで会ったレナードは憔悴した顔で、世話になっている天然石ブローカーに突然ブチ切れられて部屋を追い出されてしまったと打ち明けた。何とかしてくれと泣きつかれた私は、仕方なく天然石ブローカーに掛けあってみた。彼は、レナードを追い出した理由を次のように説明した。

「レナードは、苦労したことがない坊やだ。政府機関で働く金持ちの両親に学費を出してもらい中国の大学に行き、まっとうな仕事にもありつき、はじめて正規の方法ではどうにもならない問題に直面した。俺には資金を援助してくれる両親も親戚もいなかった。自力で生きていくために様々なことをしてきた。俺は、彼の親戚でも友人でもない。偶々《たまたま》会った、困っている若者を助けてあげただけだ。それなのに彼は、本来の自分は俺たちとは違うのだ、こんなはずではなかったと不平ばかりで、(俺たちに対して)びくびくしてばかりいるから、むかついたんだ。俺は一度もレナードに何かをして欲しいと頼んだことはないし、これからも坊やに頼み事をすることはない。彼には、頭を冷やしたら戻ってこいと言っておけ」

何を隠そう私も、宿から食事まで彼らに面倒をみてもらっているのに、会うたびに「○○は××をしているって話だ」「○○は××を隠しているらしい」などと公然の秘密を暴露し、「早く上海に帰りたい」「ママに電話したら、心配だと泣かれた」と泣き言ばかりいう彼に、少しばかりいらいらしていた。誰もがする噂話ではあるのだが、彼の表現は自分は彼らとは違う人間であるといったニュアンスが含まれており、仲間への感謝も配慮も皆無に思えた。無事にビザを更新し上海に戻ることになった日、交通費がないという彼に、私もみんなと一緒に電車賃をカンパした。その後に「みんなは電車で行けと言うけれど、長時間も乗ったら疲れるし飛行機なら直ぐだから、内緒で足してくれないか」と言われた私は、思わずムッとして「ママに頼めば？」と突き放してしまった。

カラマは私が怒ったのが面白かったようで、レナードを見送った後に「サヤカがレナードに甘ったれるなとブチ切れていた」と嬉々として言いふらした。仲間のタンザニア人たちは、「まあ、レナードは感謝のない臆病な若者だったけれど、彼の人生は彼のものだから、仕方がないさ」と笑っていた。私が「レナードがまた来たら、どうするの？」と聞くと、みんな「困っていたら助けてやるさ。同胞は助けあうものだからな」と当然だという顔で言う。

香港のタンザニア人たちは、「みなそれぞれのビジネスをしている」「他人の人生は他人のものである」などと言い、あまり他者の生き方に口をださない。だが彼らは、「信用するな」と言いながらも、偶然に出会った得体の知れない若者を気軽に部屋に泊める。「信用するな」と私に忠告する相手と食事をおごりあい、カネを貸しあい、時には別の次元で「彼／彼女は信用できるやつだ」とも「信じていたのに裏切られた」とも言う。表稼業と裏稼業、表の顔と裏の顔、ペルソナと素顔のような二分法的な人間観において「信用」を説明することと、個人的なつきあいにおける他者に対する「信じる」「信じない」は別物であり、彼／彼女の別の顔に踏み込まずとも、別の顔に全面的に信頼が欠如していても、特定の顔において真剣に「信頼」を争うことはできる。「友情」について考えているときの信頼は、本来そういうものかもしれない。それは無関心ではなく、様々な事情を汲んであえて無関心を決め込むという配慮でもある。

次章で述べるように、香港のタンザニア人たちは、タンザニア香港組合を結成し、窮地にあるときに助けあう「コミュニティ」を築いている。そこに集まる人々は年齢層もばらばらであり、スーツ姿の人もチンピラ風の格好の人もTシャツとサンダル姿の人もいるし、家族がいる人も独身の人も離婚した人も、月の手取りが六万米ドル以上の富豪も日々の食事にも事欠く者もいる。「ばらばら」でありながらも、いや「ばらばら」であるからこそ、彼らはつながることができる。

次章では、香港のタンザニア人たちがどのようにして組合を結成しているのかについて考察する。

第2章 「ついで」が構築するセーフティネット

「プラットフォーム」としてのタンザニア香港組合

本章では、香港で暮らすタンザニア人たちが香港で組合を結成するに至る経緯を説明した後に、流動性や異質性の高い彼らがどのような論理で組合を運営しているのかについて論じたい。

香港でコミュニティを築くまで

五五ページの図は、香港観光局のデータをもとに、アフリカ人による香港への入域数を提示したものである。

香港へ渡航するアフリカ人たちは、二〇〇〇年代半ばごろから急速に増え、二〇〇七年をピークに減少傾向にあるが、栗田和明によると、これは二〇〇八年八月の北京オリンピック後の出入国管理上の規制強化の結果であるという。タンザニア人だけの入域者数に関するデータは公開されていないため、正確な数は不明であるが、栗田は独自の計算に基づき二〇〇七年の香港へのタンザニア人の入域者数を一万四九八八人と推計している。[1] ただし、この一万四九八八人のうち、大多数は香港または香港経由で中国南部の都市に電化製品や衣類雑貨などを買いつけにいく交易人である。彼らは、買いつけが終われば、数日から数週間で帰国するが、頻繁に香港・中国および他のアジア諸国とアフリカ諸国を行き来していることから、研究者の中には「商業的旅行者（Business Travelers）」と呼ぶ人びともいる。[2]

栗田は、香港・中国や東南アジア諸国など環太平洋地域を巡るタンザニア人交易人を事例に、従来の移民研究では、現在移動している者（Mover）ではなく、過去に移動して現在は住みついている居住者（Resident）がより注目され、居住者たちのコミュニティ形成やホスト社会との関係が主要な論点となっており、移動する者に焦点をあてたコミュニティ研究の可能性は十分に議論されてこなかったと指摘する。[3] そこで彼は「長期滞在者」「短期滞在者」といった「滞在（もしくは定住）」のあり方に光をあてる呼び方ではなく、「頻繁な移動者（Frequent Travelers）」と「緩慢な移動者（Slow Travelers）」という区別を提案し、環太平洋地域とアラブ首長国連邦、アフリカ諸国にまたがって複数の買いつけ地と販売地を移動する彼らの人口動態や、彼らのコミュニティが複数の交易拠点を結ぶ移動者を介して形成される結接点であることを明らかにしている。この指摘は的を射ている。本稿が主な対象とするのは、香港に長期に不安定滞在する人びとであるが、彼

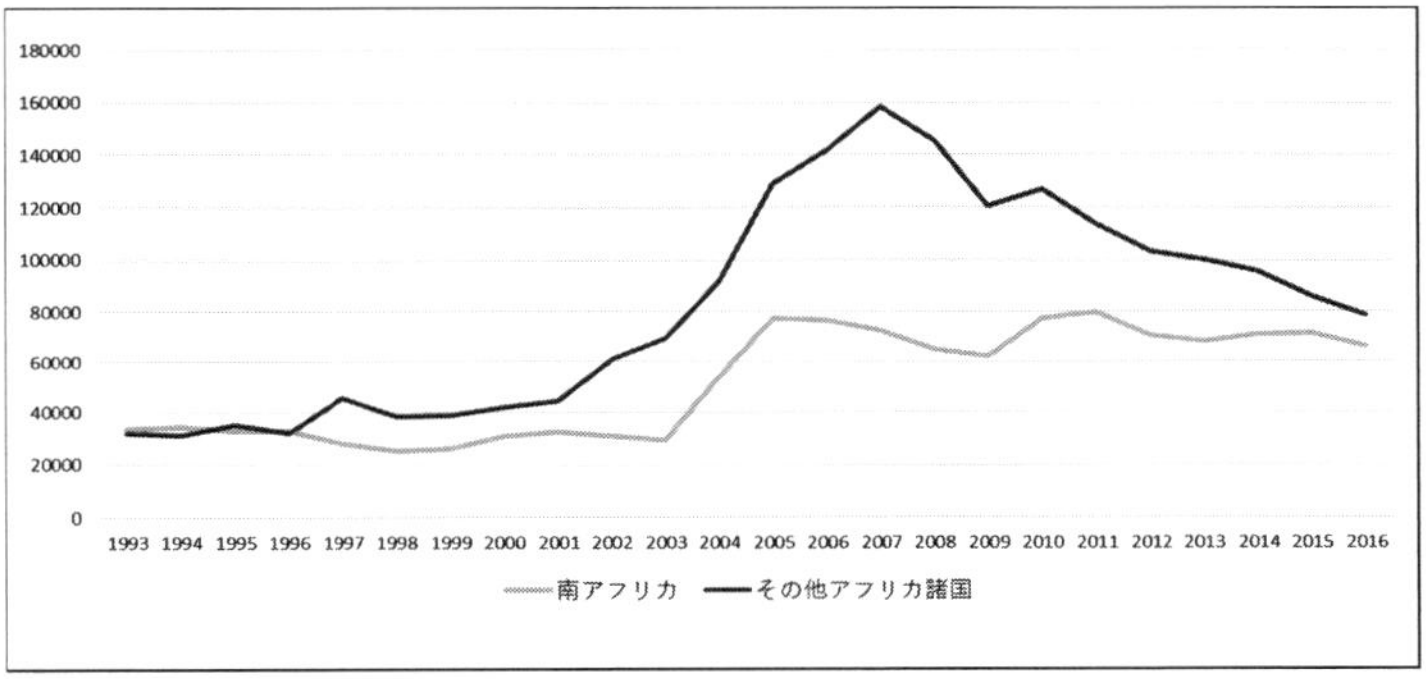

香港へのアフリカ人の入域数
出典：A Statistical Review of Hong Kong Tourism 2002 ～ 2016

らも「定住者」ではなく、いつ何時どこか別の地域に移動してもおかしくない「緩慢な移動者」に過ぎず、また彼らのコミュニティには「頻繁な移動者」も参与しており、そもそも「安定的なメンバーシップ」をもつコミュニティという発想が彼らの動態に適していないことは、彼らの組合を理解するうえで重要である。

カラマは、「俺は六番目に香港ビジネスに乗り出したタンザニア人だ」と語る。いつものパキスタン料理店前の通路で「それじゃあ、一番目から五番目は誰なのか」と尋ねると、香港に長期滞在するタンザニア人がどのように増加したのかに関する小史を語ってくれた。

香港のビジネスを最初に切り拓いたタンザニア人は、一九九二年に香港にやってきたザンジバル島出身の男性チャウ（仮名）だという。彼は、タンザニアで獲れたロブスターやサメなどの魚介類を卸しに香港にやってきた。魚介類のビジネスで一儲けしたチャウは、その後、香港で物流会社W社を設立する。その後、彼は親族関係にある二人のタンザニア人、モハメド（仮名）とハミシ（仮名）を呼び寄せ、共にW社を運営することとなった。

本社は、衣類店や電化製品店が立ち並ぶ香港の深水埗（Sham Shui Po）区に構えた。チャウは衣類や電化製品を買いつけ、タンザニアのダルエスサラーム港とザンジバル港に輸出し、市内の小売店に卸売りするようになった。当時の香港の出入国管理局は現在よりも管理が緩く、チャウは期限が切れそうになると中国・深圳市やマカオに渡航し、期間を更新することで香港に滞在し続けた。

やがてチャウが衣類や電化製品を卸していたタンザニアの顧客たちが、香港に直接的に買いつけにやってくるようになった。彼らは、先に始めた親類や友人に交易の仕組み等を教えてもらい香港に渡航する。このチェーン・マイグレーションを通じて、一九九五年ごろから二〇〇〇年代初頭にかけてタンザニア人交易人の第一陣が到着した。この第一陣のタンザニア人たちは、ダルエスサラーム市出身者が多く、移住前から既知の間柄だったこともあり、いまでも比較的緊密な関係を維持している。

二〇〇〇年代初頭にチャウは引退し、タンザニアに帰国した。残ったモハメドとハミシは、トルマリンやアメジストといった天然石・宝石用原石（gemstone）の輸入業に目をつけた。天然石ビジネスは既に西アフリカの商人が先鞭をつけていたが、モハメドたちは、東アフリカ諸国とモザンビークで採掘された天然石に目をつけ、紅磡（Hung Hom）地域に集積する中国系の天然石業者に卸す仕事を開拓していく。

天然石ビジネスのブローカーとして成功したのは、その後に到着したマガリ（仮名）であった。そのパートナーが、カラマに天然石ビジネスを指南し、彼が香港に来るきっかけをつくったムッサだったという。天然石ビジネスでも母国の顧客が直接的に香港に卸しに来るようになり、天然石交易人が増加するとともに、ブローカーとして滞在する者も出現した。

二〇〇四年頃になると、香港のアフリカ系商人のあいだでは、ケータイ（コピーケータイ、再生ケータイ、中国企業のブランドケータイなど）のビジネスが興隆する。多くのタンザニア人交易人が香港の深水埗または香港経由で広州市に出かけ、ケータイを買いつけるようになっていく。そのなかには、香港に留まり、交易人たちのアテンドをして稼ぐ者がでてきた。また天然石ブローカーのなかには、カラマのように中古車や中古家電製品のブローカー業へと商売換えする者が出てきて、中古品の輸出業を担う長期滞在者が増加していく。

ところで、すでに記述したとおり、カラマは二〇〇七年に香港への再入域を拒否され、中国経由で香港に漁船で密入国し、難民認定を受けた。彼は香港で「アサイラム・ケース」となった最初のタンザニア人であったそうだ。カラマが難民認定を受けた二〇〇〇年代後半になると、タンザニアから若者たちが交易目的ではなく、労働目的で香港へと渡航してくるようになった。同時に、前述したように香港政府は中国やマカオなどを行き来することでビザを更新し香港に滞在し続けるアフリカ人たちに対する取締りを強化した。

カラマの難民申請は刑務所に収監されないための苦肉の策だったが、彼はその後、難民認定という長期滞在の道を後続の者たちに教授していくこととなった。タンザニア人の難民認定の理由は様々だ。例えば、性質《たち》の悪い金融業者から多額の借金をしており帰国したら追い込まれる、民族的な小競り合いのある地域の首長の息子であり帰国したら復讐される、妖術師であると冤罪をかけられたが晴らす方法がない等々。

私の友人のオマリは母国に妻がいるが、チョンキンマンションで出会ったばかりの見知らぬタンザニア人男性と二人で手を繋いで移民局に行き、オフィサーの前でキスを交わす等の演技を粘り強く繰り広げ、「自分たちは厳格なイスラーム教徒の家族に生まれたゲイであり、同性パートナーがいることがばれたら殺されかねない」と訴えて難民認定を得たという――もちろん認められないことも多々あり、認定にも時間がかかる。

これらの理由はオマリのように真っ赤な嘘の場合も、多少の誇張はあっても事実の場合もある。同性愛者に冷淡な政策を展開するタンザニアで暮らしていけずに香港に来たという知り合いもいる。また彼らがよく使う「経済的困難」の理由にも本当に深刻なものもある。例えば、チディ（仮名）は、父親から相続した店が長年税金未払いであったこと等の理由で銀行から毎月二五〇〇米ドルの返済を迫られている。滞らせると祖母や親族の不動産が差し押さえられるため、彼は香港でブローカー業のほか、深夜に車の解体業の日雇い労働をしたり荷卸しのバイトをしたりして毎月なんとか返済している。

香港において難民は「働く権利」が認められていないため、彼の日雇い労働もカラマたちのブローカー業も法制度上は「不法就労」である。いくつもの仕事を掛け持ちするチディはいつ会っても疲れ果てており、カラマたちとパキスタン料理店で雑談している時にもすぐに机の上に突っ伏して寝てしまう。だが、給与水準の低い母国ではこのような多額の借金を返済していくこと自体が不可能に近い。実際、チディは親戚や友人から「もし普通の若者が同じ境遇に陥ったら、とっくに自殺しているだろう」と言われたそうだ。いずれにしてもカラマの難民認定を契機に、難民として香港に滞在するタンザニア人の数が増加したことは間違いない。

なお、香港に長期滞在するタンザニア人のおよそ四〇%は女性である。これらの女性のなかには、男性と同様に衣料品や電化製品等の輸出業や天然石のブローカー業をしている者もいるが、多くは香港の中環（Central）と湾仔（Wan Chai）のクラブで白人をターゲットに売春をして生計を立てている者たちである。

彼女たちにも独自のチェーン・マイグレーションのシステムがある。典型的な方法は、次の通りである。香港のクラブに集まる欧米人相手に売春をして財を築いた女性（「レディ・ボス」と呼ばれる）が、母国の若い女性に航空チケットや当座の宿泊費用、衣装代などを提供して香港に呼び寄せる。そうして呼び寄せられた若い女性たちはまずレディ・ボスに渡航費や宿泊費、衣装代などを返し、いわゆる「年季奉公」を済ますと、自前稼ぎの売春婦となり、やがて彼女自身がレディ・ボスとなって若い女性を呼び寄せるようになる。そうして成功し引退した者の中には、縫製会社や化粧品会社を設立した女性起業家もいる。

また、セックスワーカーたちの中には、シュガー・ダディ（または「スポンサー」）と呼ばれる年配男性のパトロンをもつ者もいるし、逆に彼女たちが「シュガー・マミー」として香港に居住する若いアフリカ人男性のパトロンになり、財政的な支援をしている場合もある。男性の長期滞在者の中には、ビジネスが軌道に乗るまでの間、あるいはビジネスが不調の間、彼女たちに財政的な支援を受けている者たちが数多くいる。これらの女性に食べさせてもらっている若い男性は「キベンテン（kibenten）」と呼ばれる――アメリカ合衆国のアニメ「Ben 10」に由来するらしいのだが、残念ながら私はこのアニメを見たことがない――。

彼女たちの難民認定の申請理由も、多額の借金、強制的な婚姻、夫や恋人によるDVなど様々であり、嘘も本当もある。チョンキンマンション脇の路地で出会う彼女たちは人懐っこく、親切な人びとにみえる。深夜の路地には、南アジア人、アフリカ人、欧米人など様々な人種の酔っ払いがよく通りかかる。中にはアルコールや薬物の依存症になっていたり、精神を病んでしまった者もいる。彼らはきまってセクシーな格好をしたタンザニア人女性たちに絡んでくる。酔っ払いをあしらうことなど朝飯前の彼女たちだが、時々呂律の回らない酔っ払いの身の上話を聞いたり、親切に部屋まで送り届けたりしている。

タンザニア香港組合の結成

さて、以上で説明したように、香港には一定数の長期滞在者が存在するようになった。難民や亡命者、不法滞在者、売春婦らの集合体である彼らは、何か起きたときでも正規のルートを頼ることは難しい。

カラマたちの話によると、タンザニア香港組合（Tanzania Hong Kong Union）が結成される契機となった事件は、二〇〇九年に遡る。ある日、香港に滞在していたタンザニア人の一人モリ（仮名）が病に倒れた。仲間たちは、難民に無料で医療を提供する公立クイーン・エリザベス病院に彼を運んだが、それから二五日後にモリは亡くなった。カラマたちは、モリの家族に連絡したが、家族には彼の遺体を母国に輸送する財政的な力がなかった。

カラマたちは、モリの遺体を母国に輸送するというミッションを遂行するために、一時的なグループを結成した。カラマが代表者を務め、書記官と五人の委員（*majumbe*）を選出した。彼らは、当時、香港と中国に滞在していたタンザニア人たちに寄付金を募り、一万一〇〇〇米ドルを集めることに成功した。モリの遺体を輸送した後、彼らは定期的に集まりをもつようになった。

二〇一三年、そのような集まりを基盤としてタンザニア香港組合は発足し、WhatsApp（LINEに似たコミュニケーションツール）にグループページを開設、中国の北京市にあるタンザニア大使館にも正式に通知された。

香港組合の活動内容は、以下の三つである。第一に、病気や事故での入院、死亡時における母国への遺体搬送、強制送還等の不測の事態における相互扶助、第二に、香港・中国およびアフリカ諸国の政策転換等の情報交換、第三に、他の香港在住の移民やホスト社会とのコンフリクトの解決・仲裁である。組合は二六人で発足した——その後、組合員は徐々に増加していった——。組合員どうしの互選で組合長と副組合長を選出した。集会は、毎週土曜日または日曜日に、チョンキンマンション脇の路上、チョンキンマンションから近い尖東（East Tsim Sha Tsui）駅の庭園、あるいは中古車業者・解体業者の集積地である錦田（Kam Tin）地区に住むタンザニア人のアパートで開くこととなった。

その後、タンザニア香港組合は、さらに中国の広州市で結成された組合との連携を築いていく。

上：タンザニア香港組合の集会
下：組合メンバー。後列右端にカラマ、その隣は著者、その友人

二〇一五年ごろになると、香港に滞在するタンザニア人はおよそ七〇人、広州市に滞在するタンザニア人は八〇人に膨れ上がっていた――上述の栗田が広州で聞いた話では一〇〇人を超えていたそうだが、流動的なので正確な人数は計算不能である。さらにマカオ、マレーシア、タイに居住するタンザニア人コミュニティとのネットワークが築かれ、不測の事態には、アジア諸国に点在するタンザニア人コミュニティから寄付が集められるようになった。そしてさらに組合は、ナショナリティの枠も超えて拡大していく。

二〇一六年一月、香港に滞在していたウガンダ人の女性が亡くなった。香港における東アフリカ諸国の出身者のなかで最大規模を誇っていたタンザニア香港組合にも、彼女の遺体を母国へと輸送するための協力要請がきた。当時、ケニア人組合の人数は二五人程度、ウガンダ人組合の人数は四〇人程度であったという。

この出来事を契機として、カラマはウガンダ人組合およびケニア人組合の代表者と連絡を取ることとなった。香港のタンザニア人組合、ケニア人組合、ウガンダ人組合から二名ずつの代表者が集まり、六人による東アフリカ委員会（kamari ya watu sita）が開かれた。この委員会で、東アフリカ共同体香港組合（Union of East African Community Hong Kong 以下、東アフリカ連合組合と記す）の結成が決定した。

そこでは、次の四つが取り決められた。第一に、三ヶ国のいずれかの国の組合長が東アフリカ連合組合の代表を毎年交代で担っていくこと、第二に、その年の組合長を担っている国以外の二ヶ国の組合長が副組合長を担うこと、第三に、連合組合の組合員になるためは、一人あたり一〇〇香港ドルの入会金を支払うこと。第四に、会合は二ヶ月に一回開かれ、東アフリカ人出身者全体に関わる問題などを話し合うこと、である。

二〇一七年二月には、チョンキンマンション内または付近にコミュニティ活動のためのオフィスを構えることを目指すことで合意された。現在は、非営利団体（NPO）として東アフリカ出身者に対する経済的便宜を図っていくことが検討されている。

以上、香港のタンザニア人たちが組合を形成していることを説明した。ところで一般的に組合活動とは、組合員どうしの相互貢献・相互扶助、すなわち「互酬性」を基盤として動くものと想定される。では、主として難民や亡命者、不法滞在者、売春婦たち、少なからず脛に傷のある者たちで構成される組合で、「なぜ彼／彼女は助けられるべきか」を「困ったときはお互い様」という互酬的な論理で考えていくことは可能だろうか。病気になって死亡することと、違法な労働の結果抱えることとなった問題とのあいだの違い――「自己責任」とはどこまでをいうのか――を問うことが非常に難しい人びとにとっての互酬性とは何だろうか。さらにこの組合は、先に述べた通り、流動的に香港とアフリカ諸国を行き来する人びともその潜在的・周縁的なメンバーとして抱えている。死は誰にも訪れる不幸である。だが、継続的な組合への貢献の期待が持てない人、偶々《たまたま》出会ったばかりの人びとの不幸に応答することは、どのような論理で了解されるのだろうか。

次に、具体的な組合活動の事例を紹介しながら、必ずしも「善き市民」「善き友人」「善き隣人」ではない人びと、互いに互いを「信頼できない」と言い切る人々による助けあいの仕組みと論理について考えてみたい。

誰にでも訪れうる不幸における助けあい

タンザニア香港組合の活動のうち、最も重要なのはメンバーの逝去の際の、遺体の搬送費用の寄付である。多くのアフリカ諸国の出身者の間では、旅先や出稼ぎ先で亡くなった者は必ず故郷で埋葬されるべきだという半ば規範的な理解がある。タンザニア国内でも遺体の搬送にはトラックの手配などに多くの費用がかかるため、都市へと出稼ぎにきた貧しい人々は回復の見込みの薄い病にかかったら、大病院での治療を諦めてでも、家族に負担をかけないよう自力でバスに乗る体力があるうちに故郷へと帰ることを選択することが多い。いわんや海外で死去した場合、遺体の搬送にかかる費用は一般家庭には捻出しがたい額となる。異国での死は、「誰であろうと同胞からの支援を必要とする不幸」として承認されることが比較的に容易な事態である。

二〇一六年一〇月から二〇一七年三月の在外期間中、私は計四回の訃報に接した。そのうちのひとつの事例をもとに、彼らがどのような組合活動をしているのかを具体的に説明したい。

二〇一七年二月九日、タンザニア香港組合の設立メンバーの一人であり、長年、香港・中国を主とするアジア諸国とアフリカ諸国のあいだで交易活動をしていたメンギが亡くなった。彼の逝去は、二週間ほど前に中国からタンザニアに帰国したジョセフからの深夜の電話で知ることとなった。「メンギが亡くなったというニュースを聞いたか」と尋ねる彼の声には焦りがにじんでいた。じつは当日の朝、私はチョンキンマンション二階のいつものパキスタン料理店の長机で偶然にメンギに会って一緒に紅茶を飲んでいた。彼と話したのはそれが二回目であり、その時の彼は冗談を言って快活に笑っていた。驚いた私はすぐさまカラマに電話し、残念なことにメンギの死亡が事実であることを確認した。

メンギは、商品の仕入れからチョンキンマンションに戻る途中、鼻血を出して倒れ、仲間たちにすぐさまクイーン・エリザベス病院へと担ぎ込まれた。しかし四人の医師と五人の看護師による治療の甲斐なく、深夜に脳死が確認されたのだという。脳卒中だった。

翌日、タンザニア香港組合の現組合長であるイッサから緊急集会の呼びかけが WhatsApp のグループページに流れた。

一九時半、仕事を終えた四六人のメンバーが、尖東駅の屋上庭園に集まった。冷たい風が吹きすさぶ中、彼らはばらばらとやってきて庭園内の思い思いの場所に陣取り、雑談したり、タバコを吸ったり、メールを確認したりし始めた。このような弛緩した空気が漂う中、緊急集会は始まった。

カラマはまず、集まったメンバーにメンギが逝去したことを説明し、「〈死は〉みなが通る道であり、先に逝ったメンギを自分のことのように考えて欲しい。残された者で力をあわせて彼〈の遺体〉を帰国させるミッションをやり遂げよう」と呼びかけた。

メンギはイスラーム教徒であったが、集会では最初にイスラーム教徒のメンバー全員でクルアーンの一節が斉唱され、続いてキリスト教徒のメンバーが代表して聖書の一節を暗唱し哀悼を捧げた――組合員はイスラーム教徒が約八割、キリスト教が約二割で構成されている。その後に、チョンキンマンションのアフリカ料理店の料理人ショマリがメンギの最後の様子についてつぶさに説明した。それを聞いた女性の組合員たちの間で啜り泣きが漏れた。カラマは「メンギ〈との思い出〉について語りたいメンバーはいるか」と集まった人々の顔を見渡した。一人が手を挙げて前に進みでた。

三〇代半ばの男性は、初めて一人で広州に仕入れに行った際に見ず知らずの若者であった自分を親切に助けてくれた人物こそがメンギであったこと、彼の訃報を聞いて大変なショックを受けていると語り、最後に「彼のために力を合わせよう」と呼びかけた。

次に、香港・マカオ・タイのビジネスを切り拓いたタンザニア人先駆者の一人であるという年配男性が手を挙げ、メンギは苦楽を共にした戦友のような存在であったと述べ、アジア諸国でのビジネスを切り拓いた彼に後続者であるタンザニア人は誰しも恩を受けていると主張した。

続いて南アフリカ人の女性が手を挙げた。彼女は、「タンザニア人ではない自分にも親切にしてくれた彼のことを父のように思っている」と英語で語った後、「彼はいつも冗談を言っていたので、今日の悲しい知らせもジョークだと思っていた。混乱して何を言ったらよいか分からない」と声をつまらせ、泣き出した。

この会合には、香港・広州のケニア人組合とウガンダ人組合の代理人も参加していた。ケニア人組合の代理人は、「タンザニア人の同胞たちに、心から哀悼の意を捧げたい。われわれケニア人は、同じ東アフリカ共同体のメンバーである同胞と悲しみを共有し、苦難を共に乗り越える用意をしている」とやや畏《かしこ》まった形のスピーチをスワヒリ語でおこない、ウガンダ人組合の代理人は、「私がこの場で発言できることは、ただタンザニア人の同胞に対する心からの哀悼の意だけである」と淡々と英語で語った。他にも何人かが、メンギとの思い出や人となりを語りながら、彼のために協力をする必要性を訴えた。

スピーチが終わると、集会は悲しみで包まれるとともに、ある種の連帯感が即興的に醸成されていた。いまや誰もが環になってカラマを取り囲み、彼の発言を待っていた。そのタイミングを計っていたようにカラマは、緊急集会の主な目的である遺体搬送の手続きに関する役割分担と、それに必要な経費の寄付について説明し始めた。

カラマは、これまでの経験から遺体の搬送には、約一万米ドル（約七万八〇〇〇香港ドル）が必要であるが、幸いメンギは（難民ではなく）パスポートでアジア諸国とアフリカ諸国を行き来していたことから、病院での手続きや行政手続きに時間がかからず、八〇〇〇米ドル（約六万三〇〇〇香港ドル）ほどで何とかミッションを完了できるとの見通しを立てた。また、中国には彼の娘が中国人と結婚して住んでいること、広州市のタンザニア組合とも連絡を取っており、中国側が必要経費の半分を負担すると申し出ていることを述べた。

この説明を受けて、現組合長のイッサが「一人一〇〇〇香港ドル（約一二〇米ドル）の寄付を募りたい」と提案した。売春を生業にしている女性から「香港で商売をしている者なら、それがどんなビジネスでも一〇〇〇香港ドルくらいは用意できるはずだ」と声が上がり、それに同意する声が続いた。またケニア人組合とウガンダ人組合の代理人も「ベストを尽くして組合員から寄付を募る」と約束した。

その後にカラマは、各手続きを担当する者を順番に指名していった。寄付を集める係が四人、行政的手続きを担当する係二人、棺桶やエンバーミングの手続きを担当する係二人、家族との連絡係一人、中国のタンザニア人組合との連絡係一人。寄付を集める係が任命されると、すぐさまカンパ帳がまわり始めた。

しばらくして、二〇代後半の男性イマが「香港にいるタンザニア人の名前と連絡先をすべて書き出すべきだ」と叫んだ。彼は「(今日の集会に来ていない者で)寄付しないのに、自分の時には助けてもらおうという輩がいるのはおかしい。この際に誰が同胞(*ndugu*)であり、誰がそうではないかをはっきりさせようじゃないか」と主張した。

それに賛同する者もいたが、反対の声もあった。ある女性は、「さっき香港にいたら一〇〇〇香港ドルくらいなんてことはないという意見が出たけれども、私たちは他のメンバーがどんなビジネスをしているのか干渉しないことにしている。だから、それぞれがいくら払えるかを知ることはできないはずだ」と意見を述べた。それに何人かの若者が賛同し、「寄付額はそれぞれの財政力に応じて変化させるべきだ」「今回、寄付できない者に裏切り者のレッテルを貼るのはおかしい。たまたまビジネスが不調であるだけで、次回は寄付するかもしれないのだから」といった反論が寄せられた。カラマは、「寄付は寄付であり、一〇〇〇香港ドルはあくまで目標に過ぎないのだから、余裕がない者は可能な範囲で寄付をすればよい」と述べ、イマと彼に賛同した者たちに「それぞれ他人には言いにくい事情があるのだから、寄付を強制してはならない」と釘を刺した。

手持ちがあるものはその場で寄付し、手持ちがない者は一週間をめどに係の者に寄付を届けることとなった。またこの日の集会を欠席したメンバーには、手分けして寄付を呼びかけることが確認された。

その後にメンバーたちは再びばらばらと散っていった。じつは寄付がひと段落した後に、ちょっとした事件があった。先にスピーチをした南アフリカ系女性が、「脳死」に疑問を持ち、アフリカ人の患者を長期に受け入れるのを快く思わない医師たちにメンギは殺されたのではないかと発言したからだ。植物人間になった彼の生命維持装置を外したことは殺人ではないかといった討論が始まり、結局、翌日彼の死がどのような状態だったのかを病院に行き、確認することになったそうである。

ともあれ、およそ一週間後、タンザニア香港組合は、中国広州市の組合、ケニア人組合、ウガンダ人組合からの寄付とあわせて、一万一七〇〇米ドルの寄付を集めることに成功した。遺体搬送にかかる経費を引いた残りの金額は、メンギの娘の学費に当てられることで同意されたという。

流動的なメンバーシップが生きる組合運営

タンザニア香港組合が緊急集会をしていた頃、タンザニアの首座都市ダルエスサラーム市マンゼッセ地区にあるメンギの自宅前では、偶然そのときに香港や中国から帰国していた組合メンバーたちが緊急集会を開いていた。ダルエスサラームでは、メンギの死去が伝えられた夜から通夜が始まり、結局、遺体が到着した一九日まで一〇日間に渡って続いた。

メンギの自宅前に集合した帰国メンバーたちは、メンギの通夜と葬儀の段取りとそれに必要な寄付額を話し合っていた。私にメンギの逝去を確認する電話をかけてきたジョセフが、メンギの家族代表者かつ帰国メンバーによる集会の委員長に就任した。

タンザニアの通夜および葬儀には、弔問客に朝、昼、晩の食事を用意する必要がある。世界最貧国のひとつであるタンザニアにおける葬儀には、故人の親族や友人のほかに、生前の故人とは全く交流がなかった無数の近隣住民も食事を目当てに集まってくる。とりわけメンギのように地元の名士とされる者が亡くなった場合、膨大な数の弔問客のもてなしは、故人の名誉と家族の威信をかけて行なわれる。

突然の夫の逝去に茫然自失となったメンギの二人の妻に代わり、一〇〇人を超える弔問客の食事の準備を取り仕切ったのは、中国広州市から帰国したばかりのメンギの義理の妹（弟の妻）アンジェラであった。彼女は、香港に居住していた頃には、チョンキンマンションでタンザニア人たちに料理を販売した経験があり、広州市でも倉庫業を営む夫の仕事の手伝いや貿易業をしながら、広州市に住むタンザニア人たちに故郷の料理を作り販売していた。もちろん彼女も広州市のタンザニア組合のメンバーであるし、ジョセフたちとは家族同然の付き合いをしている。

ジョセフたちは、香港・中国での交易やビジネス経験者（帰国メンバー）からは、タンザニア香港組合のメンバーの寄付額と近い一人あたり一〇〇米ドルを、それ以外の地元の弔問客からは一人あたり五〇〇〇～二万五〇〇〇タンザニアシリング（約二米ドル～一一米ドル）の寄付を目安に募ることとした。寄付額から食費に使える額を計算し、毎日アンジェラと料理のメニューを相談する事が彼らの主な仕事だった。私は、二月一三日に香港からダルエスサラームに渡航し、帰国メンバーの会合に合流し、アンジェラを手伝って弔問客に提供する食事の準備をした。

メンギの遺体は二月一八日にタンザニア香港組合のメンバーにより航空貨物として香港空港を出発し、一九日一五時過ぎにダルエスサラーム空港に到着した。メンギのパスポートに人生最後の入国スタンプを押してもらい、涙ぐむ帰国メンバーたちの手で軽トラの荷台に棺桶が載せられ、メンギは葬儀が執り行われる自宅へと戻った。すすり泣く弔問客の間を縫って棺桶が自宅の中へと運び込まれると、メンギと対面した家族の悲痛な鳴き声が響き渡った。しばらくしてメンギの弟（アンジェラの夫）であるドットが出てきて、遺族を代表して弔問客に挨拶を行い、弔問客と共にドゥアー（祈祷）を唱和した。その後、弔問客らはモスクへと移動した。

一九時半、遺体を載せた車を先頭に、埋葬に立ち会う弔問客を乗せた十数台の車が一列に連なって、メンギの実家のあるモロゴロの村に向けて出発した。帰国メンバーはみな香港で中古車を

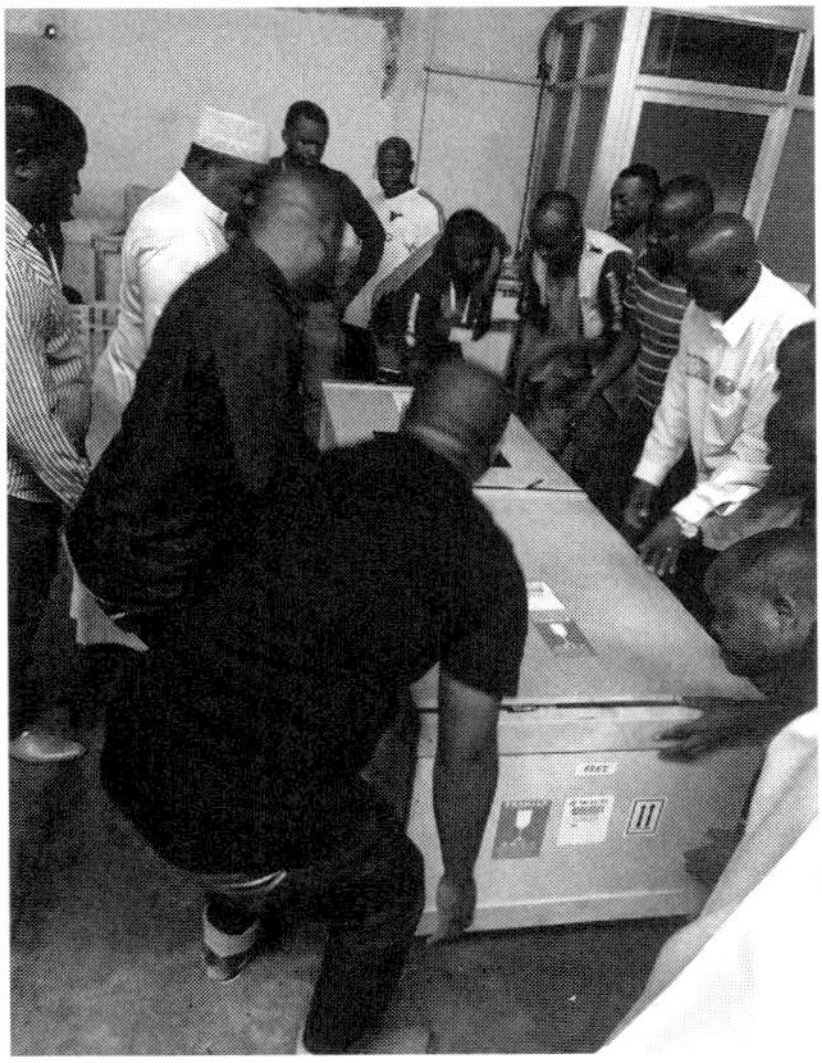

上：ダルエスサラーム市での葬式の様子
左：メンギの棺桶を受け取る帰国メンバーたち

購入し自家用車として所有しており、彼らが手分けして埋葬に立ち会う弔問客を村へと運んだ。棺桶が振り落とされないよう低速度で向かったため、モロゴロの村についたのは二三時近くになっていた。

メンギの遺体がそのまま屋内に運び込まれると、親族と思われる女性たちの泣き声が外へと漏れ聞こえてきた。彼の実家の前には、ビニールシートの上に巨大なテントが組み立てられており、ダルエスサラーム市からの弔問客は、その上に雑魚寝することとなった。このテントは、中国から建築資材とともにダルエスサラーム市を経由して輸入したものであり、さらに翌日の埋葬の儀式のための食事代は、親族が村人から集めた寄付金とジョセフたちが集めた寄付金の残りでまかなわれていた。テントやジョセフらが集めた寄付は、ダルエスサラーム市とモロゴロを行き来する商売人たちの手で事前に村の親族に届けられていた。

翌二〇日、埋葬の参列客たちに朝食と昼食がふるまわれた後、ふたたびドゥアーを斉唱し、男性たちによって遺体は埋葬地へと運ばれ、儀式のあとに埋葬された。そして参列者たちの一部はダルエスサラーム市へ、さらにその中の何人かは香港や中国へと帰っていった。

以上で描写したとおり、香港で突然の死を迎えたメンギの遺体がダルエスサラーム市へと輸送され、故郷のモロゴロで埋葬されるまでのプロセスは、流動的にアジア諸国とアフリカ諸国とを行き来する人々による「連携プレー」によって実現していた。

タンザニアの交易人たちは、中国本土の広州市と香港を商売のために頻繁に移動している。また香港・中国とタンザニアの間も、タンザニアの都市と農村との間も交易のために行き来している。このような異なる地点を移動する人々が、商売や交易のプロセスにおいて寄付や必要な物資を届けあい、異なる役割を担ったのである。現在では、国境をまたいだ連携は情報通信技術の発展に伴ってさらに便利になりつつある。ダルエスサラーム市での通夜や葬式、モロゴロの村での埋葬の様子は、WhatsApp のグループページに投稿された動画や Instagram のライブ配信によって香港のメンバーと同じ時間に共有されていた。ダルエスサラーム市で葬儀が行なわれていた頃、香港では故人を偲ぶ会合が開催され、彼らは香港とタンザニアの葬儀をともに経験していた。

カラマはいう。「本人が退会を望まない限り、どこに移動しようとメンバーシップは継続するのだ」と。現在では、交易人たちの多くは香港や中国からタイやインドネシア、アメリカなどへとビジネスの場を拡大し、複数のビジネス拠点をつないで商売しているが、このことは「商業的旅行者」「頻繁な移動者」として居所が定まらない彼らが、どこででも生きていける、あるいはどこで死んでも故郷に戻ることができる可能性を強めている。

「無理しないこと」を基準とする

だが、誰にも訪れる死は、時としてメンバー間の互酬性を超えた論理を必要とする。二〇一六年一二月に香港において亡くなったタンザニア人は、人生初の香港への渡航で命を落とした。タンザニア香港組合のメンバーは誰も彼のことを知らなかった。それでも、カラマたちは中国北京市のタンザニア大使館からの協力要請を受けて、彼の遺体を引き取った。彼の家族を見つけだし連絡を取ると、彼の家族も遺体を搬送する財政力がないと告げた。カラマたちは仕方なく同様の方法で寄付を集め、同胞の遺体を母国へと搬送した。

香港や中国に短期間しか留まらず、カラマたちディーラーも使わずに、タンザニアとアジア諸国とをごくたまに行き来する商業旅行者のなかには、香港あるいは中国のビジネス環境に不慣れであるがゆえに、香港の南アジア系の移民や中国系のビジネスパートナーとの間で無用なトラブルを引き起こす者も存在する。こうした場合にも、組合はその仲裁や解決を要請される。そうした者たちに親切にしたところで、ビジネスに失敗して二度と香港・中国に戻ってこない場合も多いにもかかわらず。その結果、香港や中国に長く留まっている者たちは必然的に、たまにしか香港・中国に渡航しない者よりも多くの死や多くの困難の解決に金銭と労力を費やすことになる。

さらに、組合員によっても組合活動への貢献に違いがある。タンザニア香港組合のメンバーは多かれ少なかれ「法」に違反しているが、それでも麻薬の売人や窃盗を兼ねて違法売春をする者と、仲介業をしたり衣類や電化製品などの交易に従事する者とでは、「刑務所の近さ」あるいはトラブルの性質や頻度に違いがある。宗教的な信仰か個人の信条か冷静なリスク計算かは不明瞭だが、「密輸はするが、麻薬には手を出さない」「違法売春はするけど、盗みはしない」と固く決意している者も多い。彼らは「犯罪」に手を染める同胞を否定／拒否しない――犯罪で稼いだ大金を派手に浪費するパーティに誘われれば、もちろん喜んで参加する――が、自分が負わないことにした他者のリスクを背負わされることとなる。

互酬性を基盤に組合が運営されていると仮定した場合、組合活動に貢献しない者をも支援する理由は何だろうか？　リスクの高い犯罪行為に手を染める仲間が困難に陥ったからといって、彼らを助ける必要がどこにあるのか？　それは自業自得ではないのか？

カラマたちと暮らしていると、組合活動への実質的な貢献度や、特定の困難や窮地に陥ることになった「原因」をほとんど問わず、たまたまその時に香港にいた他者が陥った状況（結果）だけに応答して、可能な範囲で支援するという態度がひろく観察される。それは、死という特別な事態に限らない。また組合活動や他者への支援に関わる細かな規則や規範を可能な限りつくらない／曖昧なままにしておきたいという思惑もあることがわかる。上述の事例に示されるように、彼らの集会では様々な意見がでるが、最終的には「いろいろな事情があるんだから、細かいことをいうのはやめようぜ」といった結論に落ちつく――フリーライダー問題も寄付額の傾斜配分の提案も二度と蒸し返されなかった。

彼らのこうした態度には、いくつかの背景がある。第一に、香港組合の集会で一人の女性が発言したように、基本的に彼らは助言を求められない限り、他者のビジネスや行為に踏み込まないので、その人間の「事情」を完全に知りえないものと了解している。私は研究者として彼らの生活史やビジネスを聞き取り調査するが、本人があっけらかんと話す事柄について、周囲の者から「彼/彼女には話しにくい事情があるかもしれないから、ほっといてやれよ」と諫められることがある――または「それ以上は知らないほうがお互いのためではないか」と助言される。他者の込み入った事情は知りえない/知りたくないものなのだから、自己責任なのかどうかを判断することは難しい。二〇一七年四月に亡くなったアフリカレストランの料理人ショマリは、重度のアルコール依存症患者で、ある日とつぜん仲間の前で昏倒した。だが、なぜ彼がアルコール依存になったのかを問うて答えを見つけるのは至難の業だ。

第二に、彼らの独自の人間観・主体観である。自己責任とはどこまでを指し、どこからが「不運」の領域かを問うことは元来、非常に難しいことであるが、そもそも彼らは、個々の実践・行為の帰結を他者の人物評価――「努力が足りない」「考えが甘い」「優しさが足りない」等――に結びつけて語ること自体をほとんどしない。もちろん事情を知っている個々人に話を聞けば、こんな事態になって残念だとは語るが、その理由を彼／彼女の責任に完全に帰せる発言は少ない。例えば、二〇一九年三月にクイーン・エリザベス病院に搬送され、集中治療室に入れられたセックスワーカーのベイベ（仮名）を何人かで見舞った帰り道、中古車ブローカーのアリ（仮名）は次のように語った。

「ベイベは、売春婦だから毎日（セクシーに見せるために）薄着して、浴びるように酒を飲んで大量にタバコも吸って、稼いだ金で遊びまくって、結局、病気になった。彼女は生後まもない双子を残して香港に来た。可哀そうに双子は母親の顔すら知らないよ。でも最初からそうだったわけじゃない。サヤカ、香港のタンザニア人が病気になる一番の原因は何だと思う？　多くの人は、最初に物事の調整ができなくなるという病にかかる。その後に（アルコール依存等の）本当の病気になるんだ。（香港と母国とは物価が違うので）俺たちは母国ではありえない額のお金を稼ぐ。誰でも考えるさ。香港で一皿を買うお金でタンザニアでは何人が食べられるのかとか。それでももっと稼ぐために何にしたらいいか、どんな商売に投資しようなどと仕事のために頭を働かせる。けれども思いがけずボロ儲けする日が続くと、これからもどうとでもなる気がしてくる。逆にぜんぜん稼げない日が続いたら、突然すべてのことがむなしくなる。こんな遠いところまで来て俺は何をしているんだと。きっかけは人それぞれだろうけど、もうどうでもいいやって気分に陥ることは誰にでもある。そうして仕事をやめて暇になると、稼ぐことに頭を使っているうちには考えなかったことに悩まされ始める。母国と香港の生活のギャップとか残してきた家族とか、せっかく香港にいるのだから自分の人生を楽しもうとか犯罪行為をして楽に稼ぐ仲間がうらやましいとか、あいつが稼げて俺が稼げないのはなんでなんだとかさ。この時点ではたいした病じゃない。大部分の人は悩むことに飽きて、しばらくして普通の日々に戻る。だけど商売は大事なんだよ。頭を働かせるのをやめたら、そこから先の転落はあっという間だ」。そしてこうつけ加えた。「こじらせて犯罪者になったり不治の病になった仲間がいたとして、そんなやつはどうでもいいとはならないよ」

前述した通り、彼らは常々「誰も信用しない」と断言している。それは、「素性」「裏稼業」を知らないからというより、誰しも置かれた状況に応じて良い方向にも悪い方向にも豹変する可能性があるという理解に基づいているように思われる。カラマたちは、「彼はいま羽振りが良いから、おカネを貸しても大丈夫だ」「彼はこの間、輸入した天然石の品質が悪く大損したから、少し気をつけたほうがいい」「彼の恋人も一緒なら、彼は良い奴だから遊びにいきな」と「いま」の状況に限定した形でしか他者を評価しない。一見すると冷たいようにもみえるが、ある種の寛容とも表裏一体である。つまり「ペルソナ」とその裏側に「素顔」があって、「素顔」が分からないから信頼できないのではなく、責任を帰す一貫した不変の自己などないと認識しているようにみえるのだ。

さて、第三の背景は、難民として居住する者を除くと、メンバーは流動的にアジア諸国とアフリカ諸国とを行き来するため、成員の間の厳密な互酬性を考慮／計算すること自体が困難であることである。私は上記の香港組合の緊急集会に参加し、一〇〇〇香港ドルを寄付した。数日後にタンザニアに渡航して帰国メンバーの集会に参加した時にも寄付が始まったので一度は財布を開いたのだが「中国・香港からの帰国メンバーは、香港の寄付額と同程度なんだね」と感想をもらすと、「へえ、そうなんだ」と香港での寄付額を知らなかったと述べた後に、「もしかしてあっちで寄付した？　それなら、こっちではしなくてもいいよ」と寄付を断られた。つまり、誰が他の場所でどれだけ貢献したのかは正確には共有されていなかったのである。その時に偶々、香港でも母国でもない場所――例えば、マカオやタイなど――にいたら、組合の活動に貢献しなくてもまったく問題にならない。

また、確かに本人が望めば、どこに移動しても関係性は続くが、本人が望まなければ、自然消滅する。二〇一八年三月に渡航した際、難民として八年以上滞在していた二人のタンザニア人が、香港でのビジネスから足を洗って帰国した。彼らといつも一緒にいたザハブ（仮名）に「寂しくないか」と聞くと、彼は「少しのあいだ寂しく感じても、すぐに忘れるよ」と微笑んだ。このような不安定なメンバーシップで、組合への貢献度を「助けあい」の条件にすることは難しい。

要するに、彼らは「助けあう人間を区別・評価する基準を明確化すること」と「助けあいの基準・ルールを明確化すること」のどちらもしていない。むしろ彼らの組合運営やそこでの相互扶助は、厳密な基準や取り決めによって「互いに無理やストレスを強いること」をできるだけ回避すること、をルールとしているように思われる。

「ついで」の論理

「チョンキンマンションのボス」であるカラマは、これまでに見ず知らずの若者をふくめて膨大な数の人間の面倒をみてきた。彼にその理由を尋ねると、「だって俺はチョンキンマンションのボスだからね」と返答された。だが、面倒くさがりのカラマが多くの若者の面倒をみることのできる秘訣は、ありていに言うと、「適当」にやっているからだと私は考えている。

彼らの日常的な助けあいの大部分は「ついで」で回っている。例えば、二〇一七年一月頃、カラマたちはオーバーステイの罪状で三ヶ月間収容され、刑務所から出てきたマバヤの面倒を見ていた。マバヤが無一文になったことをカラマは知っており、昼食や夕食の時間に偶然に彼と居合わせた時には彼に奢《おご》っていた。だが特に彼を気にして誘う様子は見られず、タイミングが合わなければ、それっきりだった。それでもその日に羽振りが良かった誰かは偶然彼と居合わせるので、マバヤはいつも食事にありつけていた——彼らがいつも食べに行くレストランは決まっている——。案内して欲しい場所が目的地への通り道なら連れて行くし、ベッドが空いていたら泊めてあげる。知っていることなら親切に教えるし、ついでに出来ることなら、気軽に引き受けてくれる。だが、無理な相談はさわやかに聞き流し、自分の都合に応じて約束を連絡なしですっぽかす——そして悪びれた様子はなく、「やあやあ、ジャパニーズ！」と笑顔でやってくる——。

上述した国境を越える「連携プレー」もこの「ついで」の論理で動いている。その時に偶然に中国から香港へ来た人が連絡係や寄付金の配達をする。仕入れを終えて母国に帰国する人が香港・中国から寄付金やテントを運ぶ。この「ついで」の連携は、遺体搬送に限ったことではない。香港に難民として居住するタンザニア人は、母国に残してきた家族への贈物を偶然帰国する交易人に託して「ついで」に届けてもらう。資金がなくて香港に渡航できない者は、スーツケースのスペースに空きがある分だけ交易人に自分の商品も「ついで」に仕入れてきてもらう。誰もが「無理なくやっている」という態度を押し出しているので、この助けあいでは、助けられた側に過度な負い目が発生しないのである。

彼らは「他者を助けることができる者は必ずいる」という。儲け話に釣られて先人がくれた紙切れ一枚の「道案内」を頼りに中国・香港に乗り出した彼らに「窮地に陥った経験」について聞けば、無数の人生の危機を語ってくれる。それらの危機を乗り越えることができたのは、集会で人びとが語ったように偶然に出会った誰かに助けてもらったからである。だが、この「誰かは助けてくれる」という信念は、「同胞に対して親切にすべきだ」という期待ではなく、それぞれの人間がもつ異なる可能性にギブ・アンド・テイクの機会を見いだす個々の「知恵」に賭けられている。すでに述べたように、カラマの携帯には、政府高官や大企業の社長、詐欺師に泥棒、元囚人まであらゆる人間が登録されている。これらの人々とのネットワークは、「ついで」によって築かれてきた。相手を問わず助けるのは、自分が困ったときに役立つ人物が異なるからだ。

ある日カラマに尋ねられた。「サヤカ、詐欺に遭った時に最も役立つ情報を教えてくれるのは誰かわかるか」。私が「うーん、警察とか弁護士とか?」と答えると、「ばーか。そんなの詐欺師の友人に決まっている。誰が将来役に立つかなんてわからないさ。なぜなら未来は誰にもわからないからだ。成功したら大企業の経営者の仲間が大事になるかもしれない。だけど、逮捕されたら、囚人の仲間の方が大事になるだろう。日本に行く日が来たら、日本人の君に道案内を頼むだろうが、タイに行くことになるかもしれない。大切なのは仲間の数じゃない、〔タイプのちがう〕いろんな仲間がいることだ」とカラマは言う。

このように、他者の「事情」に踏み込まず、メンバー相互の厳密な互酬性や義務と責任を問わず、無数に増殖拡大するネットワーク内の人々がそれぞれの「ついで」にできることをする「開かれた互酬性」を基盤とすることで、彼らは気軽な「助けあい」を促進し、国境を越える巨大なセーフティネットをつくりあげているのである。

この「開かれた互酬性」は、メンバー相互の信頼や互酬性を育むことで「善き社会」を目的的に築こうとする「市民社会組織」の論理よりも、情報通信技術（ＩＣＴ）やモノのインターネット化（ＩｏＴ）、ＡＩ等のテクノロジーの発展にともない注目されるようになったシェアリング経済やフリー経済の思想により近しいものにみえる。すなわち彼らの組合を、配車サービスUberや空き部屋の宿泊サービスAirbnb、あるいは不特定多数のユーザーの投稿によって様々な情報を無料で利用できるようにする多様なインターネット・サイトと同じような「プラットフォーム」だと考えると、筋が通る。そして実際に、彼らの組合活動は、彼らがビジネスのために構築したＳＮＳ上のオークション・システムや電子マネーによるクラウドファンディングと密接に連動している。

次章では、彼らのビジネスの様子とその仕組みについて踏み込んでいきたい。

注

（１）栗田和明「移動する者から見た移民コミュニティ――広州へのタンザニア人交易人に注目して」『流動する移民社会――環太平洋地域を巡る人びと』昭和堂、二〇一六年。

（2）Müller, A. and R. Wehrhahn 2013 Transnational Business Networks of African Intermediaries in China: Practices of Networking and the Role of Experiential Knowledge. *Journal of the Geographical Society of Berlin* Vol.144. No.1: 82-97.

（3）栗田和明、前掲書、三―四頁。

第3章　ブローカーとしての仕事

　ここからは、カラマたちブローカーの日々のビジネスについて紹介する。これまでも触れたとおり、彼らは現在、ＳＮＳを使って独自のクラウドファンディングや一種のシェアリング経済のシステムを構築している。彼らの驚くべきシェアリング経済のしくみを説明するためには、まず彼らが普段どのようなビジネスをし、香港の業者やアフリカ諸国の顧客とどのような関係を築いているのかを明らかにする必要がある。

　チョンキンマンションに長期滞在するタンザニア人ブローカーの多くは、カラマと同じく中古自動車や中古車部品、中古電化製品などを扱っている。香港の業者や顧客との交渉術や付き合い方などは個別のブローカーによって違いがあるが、基本的なビジネスの方法は同じである。なぜなら、彼らに中古車ビジネスのノウハウを教えたのは、「チョンキンマンションのボス」であるカラマだからだ。

香港における中古車販売業者や解体業者の集積地は、香港鉄道路線MTRの錦上路（Kam Sheung Road）駅からタクシーで十数分の錦田（Kam Tin）地区である。この地区一帯の中古車業者や解体業者は、中国本土から香港に流入した移民をふくむ中国系住民とパキスタン系移民が中心を占めている。

カラマたち中古車や中古車部品のブローカーの稼ぎ方は、大きく分けて次の三つである。

第一に、アフリカ系交易人のエージェントとして稼ぐ方法である。彼らは、タンザニアを中心にアフリカ諸国から中古車を買いつけに香港にやってきた交易人／輸入商／消費者（以下、顧客と呼ぶ）を、錦田地区の中古車販売業者や解体業者のオフィスや店舗、解体工場の敷地などに案内し、目当ての商品を一緒に探しだす。そして中国系／パキスタン系業者との値段交渉や契約書作成、輸送手続きなどを代行したり手助けすることで、顧客から「手数料」を稼ぐのである。彼らの稼ぎの大半は、この第一の方法で得たものである。

第二に、錦田地区の中国系／パキスタン系の中古車販売業者のエージェントとして稼ぐ方法である。彼らは、何人かの得意先の中国系／パキスタン系業者から取扱い車種の情報を受け取り、アフリカ諸国の顧客に営業をかけて販路を探すことで、中国系／パキスタン系業者から「手数料」を稼ぐこともある。

第三に、自ら売れ筋の商品を探しだし、母国の顧客へと輸出することで稼ぐ方法である。顧客

解体業者で中古車を見て回る

からの依頼も香港の業者からの依頼もない日、目利きである彼らは錦田地区の解体業者を歩きまわり、アフリカ市場で売れる「お買い得な」中古車や中古車部品、電化製品などを探しまわっている。

彼らは「これぞ」という商品を見つけると、中古車の外観や内装、エンジンなどの写真を撮り、WhatsAppなどのSNSをつかってアフリカ諸国に在住する顧客やブローカーまたは香港在住の他のブローカーに写真を送る。そして「今世紀最大のお買い得な中古車を発見した！お得意さんである君には、スペシャルプライスで売ろう」などと営業をかけ、顧客が見つかると、彼らの代わりに輸出までの手続きを担う。この場合は、一台あたりの手数料ではなく、香港業者の設定した値段よりも高く販売することで、マージンを得る。例えば、カラマたちは、香港業者との値段交渉の結果、四〇〇〇米ドルの売値で決まった中古車を、アフリカ諸国の顧客に四五〇〇米ドルで売ることも六〇〇〇米ドルで売ることもある。

この三つの稼ぎ方のうち、カラマが最もやる気になるのは、第一のアフリカ系の顧客から具体的な依頼を受けて買いつけに同行し、一台あたりの手数料と輸送代行手数料をもらう仕事を請け負った時である。カラマは、アフリカ系の顧客がまだ母国にいる段階から頻繁に連絡を取りあい、彼らのためにチョンキンマンションや周辺地域の安宿の予約をしたり、入域審査で問題が生じないように業者に招聘状の作成を依頼したりと忙しくしながら、顧客の到着まで、毎日、私に皮算用の結果を披露する。

「サヤカ、来週の月曜日にやってくる客は、タンザニアで有名な旅行会社の経営者なんだ。サファリツアーに使うランドローバーを五台ほど購入するって言っているけど、何とか説得して八台は買わせたい。そうすると、一台の手数料四〇〇ドル×八台で三二〇〇ドルの利益だ」「サヤカ、やっぱりランドローバーは五台のままで、他にサファリ用のミニバスを勧めようと思うんだ。今日、〇〇の店でちょうどいいのを二台見つけたんだ。ランドローバーの手数料を四〇〇ドル、ミニバスは六〇〇ドルで交渉するとして、俺の稼ぎは……」

待ちに待った顧客が到着すると、カラマたちは空港への出迎えから換金、SIMカードの購入、三度の食事まで顧客のあらゆる便宜を図り、毎日一緒に中古車を探すために出かけていく。顧客がいるときだけは、カラマも一一時頃には起きてくる——というよりも同じ宿か近くの宿に泊まっている顧客に叩き起こされる。

だが、第二の香港の業者からの販売委託は、あまりやる気が起きないようだ。顧客の商品を探し出すよりも、香港の業者が売って欲しい車の販路を見つけるほうがはるかに大変だからだ。

また第三の方法は、目利きである自身が選んでいるので販路を見つけること自体は第二の方法よりは容易であるが、渡航費を払って買いつけにきた「本気の顧客」とは違い、これらの客は予定外の買い物の費用をすぐ用意することができず、業者が決めた取り置き期限までに代金を送金して来なかったり、「やっぱり買うのをやめる」と連絡が入ったりと、徒労に終わることも多い。

第一および第三のアフリカ系の顧客のエージェントとしての仕事については後ほど詳述することとし、まず、第二の方法に密接に関わる、カラマたちブローカーと香港の中古車業者・解体業者との取引について説明したい。

取引相手が自分を恋しくなった頃に会いに行く

毎日、昼過ぎに起きてきて、約束した時間に遅れたり、約束をすっぽかしてしまうカラマ。「取引先に怒られないのかしら」という私の疑問は、はじめて彼と一緒に販売委託を請け負った取引先の業者を訪ねた日に解決した。カラマは、やはり怒られていたのだ。

二〇一六年一一月のある日、カラマは錦田地区にオフィスを構えるパキスタン系の中古車販売業者イスマエル（仮名）と午前一〇時に会う約束していた。詳しいことは割愛するが、イスマエルは、長年日本に居住して多様な商売をした経験があり、日本語も流暢に話せる。彼はこの時、二億円を投資して北九州市で買いつけた中古車が香港に到着するのを待っており、そのうちのいくつかをカラマたちブローカーを介してアフリカ市場に流そうと計画していた。だがいつも通り昼過ぎに起きてきた彼が、イスマエルのオフィスに到着したのは一四時を回っていた。イスマエルはオフィスに現れたカラマの姿を見るなり、「カラマ、時間は金だ。僕はこれまで一〇〇回以上は君に伝えたが、真面目にやれば、いつか大物と知り合って成功できる。何で君は真面目にやらないのだ」と英語で苦言を呈しはじめた。

カラマはどこ吹く風だ。最初こそ困った顔をしてみせ、英語で「サヤカ、俺は昨日、タンザニアにいる妻が産気づいて朝まで寝られなかったとイスマエルに言ってくれよ」などと適当な言い訳をしていたが、いつまでも小言をやめないイスマエルにすぐに飽きたらしく、イスマエルの社長椅子に座って格好をつけたセルフ写真を私に撮れとはしゃいだり、「ここのマサラ・ティーは、錦田のパキスタン人のオフィスのなかでベストクオリティなんだぜ」とさりげなく従業員に紅茶をねだったりと、いつもの飄々《ひょうひょう》とした態度をとりはじめた。

カラマに苦言を呈しても効果がないことを悟ったのか、イスマエルはため息をつくと、今度は私に日本語でカラマに対する愚痴を漏らし始めた。彼は、日本で苦労して商売をしてきた経験から真面目に仕事をすることの重要性を学んだという。真面目に仕事をすれば、評価してくれる人物が必ず現れると。だが、その話を何度もカラマにしているのに約束の時間に必ず遅れてきて、彼は信用を傷つけかねない行為をする。例えば、カラマたちだけではないが、イスマエルが販売したのと同じ車種の状態の悪い車を他の業者から安く仕入れ、イスマエルが仕入れた日本直輸入だと偽って売るといったことだ。他方でイスマエルはカラマがこれまで何十台も彼の車を売りさばいてきたことも説明し、自分は彼の顧客ネットワークの大きさとビジネスの手腕を買っているので、何とか彼に心を入れ替えて欲しいと思っていると話した。その後にイスマエルは英語に切り替えて「僕は、カラマが真剣にやるなら、彼に大きな仕事を任せても良いと考えているんだ。真面目にやれと彼にスワヒリ語で説得してくれないか」と私に要請した。英語で言ったのだから、カラマにも聞こえているのではないかと思いつつ、念のためにスワヒリ語に訳してイスマエルの言葉を繰り返すと、カラマはしれっと「聞こえていたよ」とウインクする。

カラマも英語で「サヤカ、イスマエルに俺は明日から新生カラマ（*New Karama*）として真剣に仕事をするよ。毎日、彼のオフィスに朝九時に来ると約束するって日本語で伝えてくれよ」という。互いに英語は話せるのだから私を挟まないでくれとむくれつつ、イスマエルに日本語で彼の言葉を繰り返すと、案の定さらっと流されて、「そろそろ、ビジネスの話をしよう」となった。

イスマエルは日本から香港に到着予定の中古車リストのファイルをカラマに見せ、どれならアフリカの顧客に売れるかと相談をはじめた。カラマはざっとファイルを確認すると、「どれも高すぎる」と顔をしかめ、「これからも仕入れるならば、汚くても壊れていても良いのでもっと安い車を仕入れるべきだ」と説得を始めた。そして具体的に教えて欲しいというイスマエルの要望に応え、タンザニアで売れ筋の車種と価格帯の情報を紙に書いて渡した。イスマエルは大喜びでそれを受け取り、「これから銀行に行かなくちゃならないから、明日また会おう」とオフィスを後にした。

私たちはその後にいくつかの解体業者を回って売れ筋の中古車を探し、顧客に流すために中古車の写真を何枚か撮影してから帰途に着いた。

帰りの電車内で、カラマに「怒られちゃったね」と言うと、「パキスタン人は良い人たちだけど、導火線が短くてすぐに発火するのが難点なんだ」と嘆いてみせた。私は続けて「明日から本当に朝九時に彼のオフィスに行くの？　というよりカラマ、そんなに早くに起きられるの？」と冗談めかして聞いた。すると彼は意外にも真剣な顔をして「九時なんて余裕だよ。儲かるとわかっていたら、俺は徹夜して朝六時からだって働くよ。君はまだその機会に遭遇していないだけで、儲けを前にした俺が朝早くから夜遅くまで錦田地区を何キロも歩いていることは、みんな知っていることだよ。だけど、明日イスマエルのオフィスに行くかどうかは、まず客の反応を見てからだ」と返答した。

チョンキンマンションに戻ったカラマは、同ビル内の安宿に滞在中のマリ人の大物ブローカーに電話し、「いまから話すことは、あなたにとってのゴールデン・チャンスだ。日本からほとんど新品の中古車が一〇〇台ほど到着する予定だ。実はまだこの話は俺しか知らない。興味があったら、いますぐに何台買うかを決断して欲しい。明日になったら別の人間に流れてしまうかもしれないから、いますぐの決断が必要だ」などとさっそく営業活動をしていた。深夜に再会したカラマは、「マリ人はトヨタ・アルファードの二〇〇四年モデルなどを二〇台くらい仕入れたいってさ。三日以内に話をまとめてやる」とほくほくした顔で語り、イスマエルの言葉通りの凄腕ビジネスマンであることを証明してみせた。だが翌日、カラマはいつも通り昼過ぎに起きてきた。

マリ人との交渉の後、カラマがイスマエルの仕事をすることはなく、ふたたび一緒に彼のオフィスを訪ねたのは二週間ほど経った頃だった。カラマはまたしても説教をくらい、イスマエルから「仕事を任せたいと考えているのに、なぜ来ないんだ」と前回と同様の苦言をあびせられていた。

帰り道、私は「真面目にやるんじゃなかったの？　イスマエルに会いに行けば、たくさんの車の販売を任されて手数料を稼ぐことができるんでしょう？　なんで毎日行かないの？」と聞いてみた。その時のカラマの返答は、とても興味ぶかいものだった。

「毎日イスマエルに会いに行けば、彼は俺を自分の子分のように思い始めるだろう。イスマエルが怒るから彼の言うとおりにするなんて態度をとっていたら、彼は俺を自分の従業員のように扱うようになるよ。俺は、パキスタン人と何年も仕事をしているから、これは予想ではなく事実だ。もしイスマエルに雇われたら、彼だけが儲けて、俺は彼の稼ぎのために働くことになる。俺たちアフリカ人が、香港の業者と対等にビジネスをするためには、彼らが俺に会いたいと恋しがる頃に会いに行くのがちょうどいいのさ」

カラマは、本気で彼らを怒らせないように時々なだめる必要があると言いながらも、そもそも自分たちを対等であるとみなしていない人々に対しては、「扱いやすい人間」にならないことが肝要であると説明した。遅刻やすっぽかしのすべてが計算づくではないだろうが、我が道を歩いていることはアフリカ人あるいは不安定な移民／難民としての彼らが、実質的には力関係の異なる香港の業者と対等な関係を築くための駆け引きの一環なのかもしれない。

実際、カラマたちは常々「対等」「均等」という言葉を口にする。思い起こせば、私がカラマと出会ったばかりの頃にも、次のような依頼をされていた。カラマは、私に彼と信用取引をしてくれる日本の中古車業者を探して欲しいと考えている。日本の中古車業者は、カラマたちに中古車を先に送り、カラマがその中古車を香港在住のアフリカ系ブローカーや、一五ヶ国以上のアフリカ諸国にいる顧客たちに販売する。

カラマの仕事は、マーケティングと販売、諸々のトラブルの解決である。カラマ曰く、アフリカ諸国の顧客から代金を取り立てたり、クレーム処理をしたりする信用コストは高いが、そこで生じうるトラブルは、カラマが責任を持って解決する。つまり、日本の業者は、アフリカ諸国の顧客との取引に付随する面倒をカラマに一任することができる。ただし、日本の中古車業者とカラマは「対等なビジネスパートナー」であり、仕入れ代金や輸送に関わる経費を引いた純利益は「均等」に分けあうのだと。

この依頼を聞いた時には、私は「いやいや、そんな業者を見つけるのはムリだよ。だってその話は、企業に見ず知らずのカラマを信用しろって説得することじゃん」と率直に難色を示した。カラマは涼しい顔をして「そのために日本人の君がいるんじゃないか。君はプロフェッサーなんだから、保証人として申し分ないじゃないか」という。私が彼の保証人となって面倒な事態に巻き込まれるリスクを負うのはまっぴらごめんだと不満を述べると、カラマは「もちろん君は俺のビジネスパートナーになるのだから、利益は俺たち二人で均等に分けることになる。ビジネスは誰かを信用しないと始まらない。君が俺を信用してみる気になったらって話だよ」と答えると、この話は終わりとばかりに昨日のネットサーフィンで見つけたコメディ動画を披露し始めた。

カラマを専属にしたがるパキスタン系業者

カラマや彼の仲間のブローカーたちと中古車業者を回るうちに、彼らが何人かのパキスタン系業者や中国系業者と親しい関係を築いていることがわかってきた。パキスタン系の業者を訪ねていくと、よく紅茶や缶ジュースでもてなされる。中国系業者は多くの場合、そっけない態度をとるが、暑い日に歩き回ったせいで汗だくになっていたりすると、涼んでいくようにと木陰にベンチを運んできてくれたりする。親しい業者のオフィスでは、カラマたちは勝手に冷蔵庫をあけてジュースを飲んだり、食器棚をあさって食パンやビスケットを探してきたり、時にはキッチンに入り、従業員用に用意されている昼ごはんを温めて食べたりする。我が物顔でふるまうカラマに最初は驚いたが、業者たちは「カラマは、兄弟だから」「彼とはもう一〇年以上のつきあいだから」とおおらかに構えている。パキスタン系業者のなかには、カラマを専属のエージェントとして雇用したいという者たちもいる。

二〇一八年三月二〇日に訪れたパシュトゥーン人の中古車業者は、一八年前から中古車ビジネスを始め、台湾やマレーシア、韓国などでも商売を行なってきた。いまでも本拠地は台湾にあり、オーナーの彼は香港の支社にはたまにしか来ないのだという。彼は、久しぶりに再会したカラマと親しげにハグをかわした後に、私に「僕はもう何年も『一緒に台湾でビジネスをしよう』とカラマを口説いているが、（ひとたび香港を離れると難民認定が取り消されるため）カラマがなかなか決心してくれないんだ。早くしないと、一儲けする前に僕たちはともに爺さんになってしまうよ」と語った。白髪のパシュトゥーン人のオーナーはカラマよりも二歳若いが、外見的には彼よりも年老いて見えると嘆く。するとカラマは、「大丈夫だよ。年寄りかどうかは心の問題だ。俺の心はいまだ一八歳以下。永遠の少年だ」と胸を張り、香港を離れたら必ず台湾に行くと約束した――もちろん対等な「ビジネスパートナー」として。

業者にとって、カラマたちブローカーは客引きや販路開拓、売れ筋の商品情報の入手に関わる重要な顧客である。だが、彼らがカラマたちブローカーを使う背景には、アフリカ諸国の顧客と直接取引をすることで生じうる多様な面倒を回避するという理由が大きいようだ。アフリカ諸国の顧客の買いつけの仕組みは後述するが、香港の業者にとっては、まずもって顧客が信頼できるか否かを見極めることが非常に困難なのである。彼らは、「売約済み」にして売らずに取っておいた中古車の代金が期限までに振り込まれなかったり、確かに輸出した中古車が港に届かないなどとクレームが来たり、販売した相手とは異なる人間が中古車を引き取りにきてトラブルになったりする失敗例をよく語ってくれる。カラマたちを介せば、これらのリスクのケアのすべてを彼らに転嫁することができるのだ。

ただし、カラマたちブローカーと香港業者の関係は必ずしもwin-winな関係ではなく、潜在的には利害が対立している。まず、彼らがどのような点で利害が対立しているのかを説明したい。

香港の業者とアフリカ系ブローカーとの関係

錦田地区の中古車販売業者・解体業者には、上述したイスマエルのような、①日本から中古車を輸入し、香港に集まる世界各国の輸入業者に販売・転売する形態と、②中国本土および香港から廃車を含む中古車を買いつけて販売・転売する形態の二種類の業態がある。日本のオークションなどで仕入れた車を香港に輸入する業者が扱う中古車は、比較的状態がよく品揃えも豊富であるが、相対的に値段も高い。他方、同じパキスタン人のハッシム（仮名）は、二〇〇〇年代前半から中国本土と香港で中古車を仕入れて販売している。彼が扱うのは、廃車寸前の事故車や製造年の古い車種であり、非常に安価である。カラマたちアフリカ系の中古車ブローカーが日々顧客を案内したり、売れ筋の中古車を探してまわる相手は、もっぱらハッシムのようなタイプの業者である。次の事例は、後者のタイプの業者との取引で生じた出来事である。

二〇一八年二月二六日、私はカラマから突然、二四〇〇米ドルを貸して欲しいと頼まれた。高額を貸与することに躊躇してすげなく断ったのだが――そのせいで一時気まずくなったりもした

——彼が私に借金を申し込んだ経緯には、それなりに合理的な理由があった。カラマは数日前にタンザニアのシティ・バス会社のオーナーであるサイディ（仮名）から、シティ・バスとして使われるトヨタ・コースター六台と、軽トラック（車種不明）二台の、計八台の注文を受けた。サイディはそれまでアラブ首長国連邦のドゥバイで自ら車を買いつけていたが、ドゥバイよりも香港のほうが平均して二〇〇〇米ドル／台ほど安価に購入できることを知り、このたび香港に買いつけに来ることとなったそうだ。

サイディは香港に不慣れであり、見ず知らずの業者との交渉に失敗して高く不良品を売りつけられるリスクを回避することを目的として、一台あたりの手数料四〇〇米ドルでカラマに買いつけの案内を依頼した。私は手数料の高さ（彼の手取りの多さ）に驚いた。だが、香港の業者に騙されて大掛かりな修理の必要な中古車を高値で買った失敗談を耳にしていたサイディは、一台四〇〇ドルの手数料を「安い」と喜んでいたと、カラマは語った。この約束をした時点では、ブローカーであるカラマの手取りは、四〇〇米ドル×八台で三二〇〇米ドルとなる予定であった。しかしカラマは、このうちシティ・バス六台については、彼自身のポケットマネーで香港のパキスタン系中古車業者に手付金を支払うことで直接的にサイディに販売することをたくらんでいた。

パキスタン系業者の販売価格は一台四〇〇〇米ドルであったので、サイディを彼の店まで連れていくとこの価格で販売されることになる。ここでカラマが六台分の手付金二四〇〇米ドルをパキスタン系業者に先に支払い、自分自身の商品にしてしまうと、パキスタン系業者はカラマと顧客との交渉に介入しないため、例えば一台四五〇〇米ドルで販売し、彼は手数料四〇〇米ドル／台とは別に五〇〇米ドル／台の利益を稼ぐことも可能である。この場合、カラマは三二〇〇米ドルに加えて、五〇〇米ドル×六台で三〇〇〇米ドルと、およそ二倍の利益を得る計算になる。カラマは、ドゥバイで買うよりも安く手に入りさえすれば、サイディは五〇〇ドルくらい彼のマージンを上乗せしてしても「安い」と喜んで買うだろうと語っていた。

ただし、カラマが周囲の人間に借金をしてまで手付金を捻出し、直接的に顧客に中古車を販売しようとした理由は、余剰の利益だけが目当てではなかった。サイディは一般消費者ではなくシティ・バス会社のオーナーなので、これからも定期的な注文をする可能性が見込める。もしサイディとパキスタン系業者とを直接的に引き合わせ、そして問題なく取引が遂行され、業者とサイディが互いに信頼できることを了解すると、次回からサイディはカラマを介さずにパキスタン系業者に注文することになる。その方が、サイディにとってはブローカーの手数料が要らないので安あがりである（さらにカラマにこっそりマージン上乗せ価格で売られることもない）。また、業者にとってもカラマの手数料の分だけ少し高めに売ることができる可能性がある。カラマは、錦田のパキスタン系業者はこれまで彼が連れてきた「上客の七〇%を奪ってしまった」と不満げに語る。

以上で説明したように、香港の中古車販売業者・解体業者は基本的には、アフリカの顧客と信頼関係を樹立できれば、ブローカーを介さずに直接的に取引をすることを望んでいる。実際にアフリカ系ブローカーを介して多数のアフリカ諸国の顧客との関係を築いたパキスタン系業者のなかには、ウガンダの首都カンパラ市やタンザニアの首座都市ダルエスサラームに支店を開く者／開く計画を語る者が増えつつある。カラマが最近になって帰国を切望するようになった背景には、アフリカ諸国へと進出する業者との「チャネル」を母国のブローカー（予備軍）に先駆けて獲得するという計算もあるようだ。またアフリカの顧客も香港での買いつけで業者との交渉の仕方がわかれば、ブローカーを使わずに自身の目利きの力と交渉力で商売をしたいと望んでいるだろう。

つまり、カラマたちブローカー業とは、香港の地理や香港の業者のやり方・手口に不慣れなアフリカ系の顧客と、アフリカ系顧客のやり方・手口に不慣れで信頼できる顧客を見極められない業者とのあいだの「信用」を肩代わりすることで、「手数料」「マージン」をかすめとる仕事なのである。言い換えれば、「雇用されるのではなく、対等なパートナーとして独立自営する」というカラマたちのビジネスは、両者のあいだの「信用の欠如」によって成立しており、アフリカ系の顧客と香港の業者が直接取引を重ねることで信用を樹立すると立ち行かなくなる、あるいは自律性を放棄してどちらかのために働く「労働者」となるという不安定さをもっている。

香港（と中国）市場とアフリカ市場がいずれも生き馬の目を抜くようなアナーキーな市場であることが、彼らの隙間産業の糧となっていることはカラマたちも承知しており、時として実際に生じたトラブル例をSNSを通じて紹介してもいる。「香港のアフリカ人を信用するな」「香港の人々を信用するな」「俺たちを介さないと、手痛い目に遭うぞ」と。

次章で述べるカラマたちが構築したSNSのプラットフォームを利用した交易システムは、アマゾンやアリババなどの企業が提供するものと同じように、資源としての「信頼の欠如」を温存しながら、パキスタン系／中国系業者とアフリカ系顧客とのあいだに彼らを介在させる「独自の信用システム」を作る試みである。

中古車買いつけツアー

次に、具体的な中古車買いつけツアーの様子を事例に、ブローカーと顧客およびブローカーどうしの関係性を開示し、彼らの商売の特徴と彼らが抱える商売上の課題を検討する。まず日常的な買い物ツアーの描写から始めよう。

二〇一八年三月二〇日、カラマは、アバシ（仮名）とサミール（仮名）の二人の交易人を案内していた。二人とも四〇代の前半の男性で、アバシは香港での買いつけは四回目、サミールは初めての渡航であった。彼らは三月一五日木曜日に香港に着き、一六日金曜日に錦田地区の中古車販売業者・解体業者を下見、土日を挟んで、一九日月曜日に購入予定の中古車・中古部品の目星をつけ、この日は目星をつけていた車を購入するため錦田地区を再訪することになっていた。

午前一一時にいつものパキスタン料理店で待ち合わせたカラマたちは、チョンキンマンションを出て左に進み、左に折れて少し歩いたMTRの尖東（East Tsim Sha Tsui）駅から錦上路（Kam Sheung Road）駅まで向かった。香港では八達通（オクトパス）というICカードが普及しているが、カラマは毎回切符を買う。「毎日のように電車に乗るのだから、ICカードを買えばいいのではないか」と進言したことがあるが、「俺はこれまでに二〇回以上は八達通をなくしている。どうせなくしてしまうから、切符しか買わないことにしているんだよ」という答えが返ってきた。やっぱりダメ人間だ。

錦上路駅からは各地区に向かうバスも出ているが、カラマたちはたいていタクシーを利用する。カラマは「直進」「前」「右」「左」「ここで停まる」などの簡単な広東語を操りながら、錦田地区にある複数の得意先の中古車販売店や解体業者までタクシーをスムーズに案内する。

タクシーに乗りこむと、カラマはいつも運転手のネームプレートを確認して、「ミスター〇〇」と親しげに呼びかけ、「あなたは香港生まれですか？　それとも中国本土出身ですか？」などと話しかける。ほとんどの運転手にはつれなくされるのだが、そういう時は「俺は、ミスター・カラマ。香港からの中継です。今日は、ミスター〇〇の安全運転で錦田地区に向かっています。イエイ、イエイ！　ミスター〇〇、アフリカの視聴者のみなさんに一言、お願いしまーす！」などと大はしゃぎでInstagramのライブ中継を始めてしまう。運転手たちはハイテンションなカラマに苦笑いしながらも、彼が差し出すスマホの画面に向かって手を振ってくれたりする。英語が堪能な運転手たちは時々世間話に乗ってくれることもある。じつは、こうした行為は、カラマなりの気遣いであり仕事をするためのテクニックでもある。

錦田地区のタクシー運転手の多くは、同地を訪れるアフリカ系のブローカーたちを乗せた経験がある。彼らはブローカーが客の希望に即した中古車を探すために何軒もの販売店や解体業者を訪ね、その度に中古車・廃車置場を見てまわる数十分もの間、不安な気持ちで待たされる。そのため、大半の運転手はアフリカ系のブローカーに良い印象を持っていない。待ち時間にもメーターは回っているが、カラマたちは気にかけるそぶりもなく運転手を待たせる。運転手たちはシフトの時間が迫っていたり、客の数が多い時間帯だったりすると、代金を受け取ることをあきらめて走り去る。奥まった山道にある解体業者を訪問中にタクシーに逃げられると、何十分も歩いて幹線道路まで戻ることになるので、カラマたちにとっては痛手である——また少々、心苦しいことでもある。香港に初めて来た交易人たちはたいてい「運転手に悪い事したなぁ」などとショックを受ける——。

運転手のなかには、誰か一人はタクシーに残るように要求する者もいる。ある日、タクシーを引きとめる係になった私は、運転手と雑談した。三〇代半ばくらいの人の良さそうな運転手は、北海道旅行に行って日本が大好きになったと語った後に、声を潜めて「お節介だと思うけれども、彼（カラマ）には気をつけたほうがいいよ。僕は何度も彼を乗せたことがあるけれど、彼は何人も女性がいるし、いつも違う若い男性を従えている。僕の予想では、彼はたぶん日本語でいうヤクザの親分だよ」と忠告した。戻ってきたカラマにスワヒリ語でその話をすると、「中古車を買いに来る交易人には女性もいるからなぁ」と笑って流したが、ヤクザの親分を意識したのか、サングラスを客から借りて、心なしかいつもよりふんぞり返っていた。ともあれ、カラマは自身を警戒したり疎ましく思う運転手たちと友好的な関係を築くことで、彼らが不安になって逃げてしまったり、路上で乗車拒否をされないように日々努力をしている。

アバシとサミールを案内した日の運転手は、「私はこれまでアフリカ人はみな貧しいと思い込んでいたが、君たちを見ていると私よりもお金持ちなのではないかと考えるようになった。ふつうの香港人はタクシーを一日中乗り回さないし、毎日のように中古車を仕入れる資本もない。君たちはどうやって稼いでいるのか」と率直な疑問をぶつけてきた。カラマは、実はアフリカ人は妖術を駆使して金儲けしており、自分も妖術使いなのだという話をサービス精神たっぷりに語りはじめ——その話を信じそうになった運転手には、私からカラマはブローカーであり、彼が引き連れている者たちが彼の雇い主であることを説明した——最後の取引先のオフィスに着く頃には、運転手とすっかり打ち解けていた。代金を払う段階になり、カラマはすかさず運転手に「俺たちはもう友だちだから、タクシー代はまけてくれよ」と冗談めかして言った。運転手はすぐさま「ノーマネー、ノーフレンド!」と切り返し、カラマは「あちゃ〜」と叫んで代金を払った。カラマたちの買い物ツアーは、毎回珍道中である。

アバシとサミールの買い物内容

さて本題に戻って、アバシとサミールの買い物について説明しよう。上述したようにカラマたちは金曜日と月曜日に何軒もの解体業者を回り、アバシたちの希望に合致する中古車の目星をつけ、すでに値段も確認していた。最初に訪れた解体業者でアバシは、一台三五〇〇米ドルの三菱ふそうのキャンター(Canter)を二台と、タンザニアで長距離バスとして使用されるスウェーデンのスカニア(Scania)の部品を合計三四八〇米ドルで購入した。またサミールは、タンザニアでシティ・バスとして使用されることの多いトヨタ・コースター(Coaster)二台をそれぞれ三八〇〇米ドルで購入した。各自とも代金はその場で一括払いし、領収書を受け取った。

その後、カラマは解体業者の従業員と交渉して五〇〇香港ドルで運転代行を依頼し、パキスタン系の解体業者モハメドとラシディ兄弟(仮名。以下、モハメド兄弟とする)の店まで購入した中古車を輸送する手配をした。モハメド兄弟は中古車販売・解体業と物流業を兼ねており、彼らの敷地にはコンテナ車を停めることのできる専用の場所がある。

私たちは一足先にタクシーでモハメド兄弟のオフィスに向かった。モハメド兄弟は中古車や廃車を置いている敷地のすぐ近くに簡易宿泊施設を持っており、ブローカーや交易人はこの簡易宿泊施設に泊まることもできる。カラマはかつてこの宿泊施設に何ヶ月も泊まった経験があり、兄弟とは家族同然のつきあいをしているようだ。

カラマは、アバシとサミールを連れて建物の二階にあるオフィスに上がり、モハメド兄弟とコンテナ輸送料や輸送期日等の交渉をおこなった。サミールは輸送代金の交渉過程で、コンテナを他の交易人とシェアし、他の交易人の荷物にトラブルが生じた場合には、ダルエスサラーム港での通関に時間がかかるという話を聞き、モハメド兄弟の店でさらにキャンター一台を購入することにした（一一三頁）。

モハメド兄弟の中古車・廃車置場では、別の交易人が購入したバスをコンテナに詰める作業がおこなわれていた。バスの椅子はすべて取り外され、車内には冷蔵庫をはじめとする中古家電や部品が隙間なく詰め込まれていた（一一三頁）。コンテナにバスを収容した際に生まれる上下左右の隙間には取り外した椅子を詰める。これらの作業を担当する従業員は、「パッキング・エンジニア」と呼ばれ、いかに無駄なスペースを作らずに多くの商品を詰めるかが腕の見せ所だという。

最初の解体業者で購入した車が無事にモハメド兄弟の敷地に到着したのを見届けた私たちは、

その後に錦田タウンへと向かった。サミールが購入したトヨタ・コースターは後部座席の窓が開閉しないタイプであり、猛暑のタンザニアでシティ・バスとして走らせるのには不適切であった。

そこで彼は、香港で窓ガラスと窓枠を購入し、開閉できる形に修理することにした。カラマがモハメド兄弟のオフィスのエンジニアと交渉した結果、修理代は四〇〇〇香港ドルとなった。私たちはまず錦田タウンの窓ガラス・窓枠店を訪れたが、適合するサイズの窓枠を安価な価格で見つけることができなかった。カラマは中国製の窓枠は壊れやすいので、明日、解体予定の中古バスを探し、窓枠だけを購入することを提案した。

次に私たちは、ナイジェリア人とインドネシア人の夫婦が経営する中古家電店に出かけ、コンテナの隙間や中古車のなかに詰め込む中古家電製品を探した（一一四頁）。アバシらはこの店で、レンジやジューサーなどの家電製品と花瓶置きなどの家具、玩具を購入した（次頁表）。これら購入した商品も先ほどのモハメド兄弟のオフィスまで運ぶ手配をした。

カラマと私は、すべての買い物が終わるまで購入した家電などを取りおいてもらう交渉をするため、モハメド兄弟のオフィスに戻った。アバシとサミールは、中古家電店で偶然に会ったタンザニア人中古車ブローカーのバロジと一緒に、別の中古家電店を回ることになった。

モハメド兄弟のオフィスで手続きを終えた帰り道、バス停でアバシとサミールに再会すると、彼らは、六〇香港ドルのベッドシーツを五セット購入していた。これらのベッドシーツもタンザ

上：仕入れたキャンターを確認する
下：コンテナへのパッキング

サミールの買い物リスト

品物	香港ドル
オーブン（メーカー不明）	200
パナソニックのレンジ	150
大型ジューサー	200
大型食品保温器	800
車の玩具（大）	60
車の玩具（小）	40
スチール製の花瓶置き	100
ベッドサイドテーブル	200
車に取り付ける部品	150
電気ポット	60
合計	1960

中古の家電製品や雑貨がならぶ店

ニアの商店に卸売りする商品である。地下鉄に乗ってチョンキンマンションに戻ったのは、一八時半をまわっていた。

翌二一日、私は別の交易人と約束があり、アバシたちとは夕方にいつものパキスタン料理店で落ち合った。彼らは、この日も買い物ツアーに出かけており、ゴムベラやアルミの抜き型といったケーキ作りの調理器具をビニール袋三袋分（合計四八〇〇香港ドル）購入していた——タンザニアでは近年、中間層の間でケーキ作りが流行しており、雑貨店に卸すそうだ。また、昨日は見つけられなかった窓ガラス・窓枠を、廃車となった中古バスを解体することで無事に手に入れたと報告された。

戦利品の調理器具を確認しながら、二人に明日の予定を尋ねると、予定していた買い物はほぼ終わったので、いよいよコンテナに購入した中古品や中古家電・家具を詰め込む作業を監督するのだと返答された。

翌々日の二三日に彼らに首尾を尋ねると、二二日は窓枠を取り出す解体作業に時間がかかりパッキングが終了せず、またサミールの体調が悪くて病院に行ったため、この日もモハメド兄弟を訪問したそうだ。

二四日の土曜日には、カラマの案内でアバシ、サミール、ブローカーのバロジと一緒に茘枝角(Lai Chi Kok)駅近くの衣料品モールに出かけた。アバシには一八歳の長男、中学生の長女と次男、まだ赤ちゃんの次女、計四人の子どもがおり、サミールには六歳、二歳半、一歳半の三人の娘たちがいるそうだ。二人とも一枚五〇香港ドル程度の安価な子ども服をお土産として十数着購入した。サミールは「もう財布がすっからかんだ」とぼやきながらも、その後にも電車を乗り継ぎ、香港の観光地のひとつである旺角(Mong Kok)駅すぐの繁華街「女人街」を探索したり、スニーカー店舗街でサミール自身の土産であるスニーカーを探したり、薬局でアバシの花粉症の薬を探したりした。そうしてカラマがアテンドした買い物ツアーは終了した。

ブローカーという仕事

二五日、買い物を無事に終えたアバシたちを空港まで送ると、カラマの仕事は帰国した彼らからダルエスサラーム港で滞りなく商品を受け取ったという連絡を受けるだけとなる。彼らの買い物内容を見ると、中古車や中古車部品のほかにも多様な商品を購入していることが分かる。これに輸送料や関税、物流業者までの運転代行費、タクシー代、そしてカラマに支払う手数料がかかる（一台あたりの手数料×台数）。台数にもよるが、航空チケット代や宿泊費を払っても、ダルエスサラーム市で中古車を購入するよりもはるかに安く仕入れることができるのだという。

買い物ツアーに同行すると、カラマたちブローカーの仕事が改めて多岐に渡っていることに気づく。今回のツアーでカラマが受け取った謝礼＝ブローカー手数料は、一台あたりの中古車×四〇〇米ドルである。つまり、アバシからはキャンター二台とスカニア一台の合計三台×四〇〇米ドル＝一二〇〇米ドル、サミールからはシティ・バス二台とキャンター一台の合計三台×四〇〇米ドル＝一二〇〇米ドル、二人合わせて二四〇〇米ドルの手数料を受け取った計算になる。

この時には二人まとめて案内したので、一〇日間の付き添いで比較的大きな儲けが得られたが、案内する顧客が一人で一台しか車を購入しない場合でも、滞在期間が二〇日間に及んでも、カラマの労力はほとんど変わらない。

たいていの顧客は、家電製品や家族への土産物の購入などを希望するが、これらは「オプショナルツアー」であり、カラマたちブローカーがこのような小さな商品について手数料を受け取ることはない――衣料品やケータイ電話専門の交易人で中古車を購入しない場合は別であるが。ブローカー仲間のバロジは、アバシたちのベッドシーツの購入に付き添ったが、手数料を受け取ってはいないという。カラマたちは、空港への送迎、換金やＳＩＭカードの購入、食事場所への案内に加えて、顧客が望めば、観光地やバー、クラブにも連れて行くし、そういう話が盛り上がれば、女の子を紹介したりもする。そして顧客が慣れない環境で病気になれば薬局や病院へ、顧客がビザ等のトラブルに陥ればイミグレーションへと完全に「カスタマイズ」された手厚いツアーを実施するのである。

カラマたちのこのような仕事は、傍目には親しい友人に街を案内しているようにみえ、錦田地区のタクシー運転手たちが勘違いしているように、年若い顧客を引き連れたカラマはさながら怪しげな集団の親分である。実際、就業が認められていない「難民」であるカラマたちの「表向き」の説明では、彼らは「友人」を手助けすることで、多少の「お礼」をもらっているだけとなっている。近年、日本では親族や友人を案内するふりをした中国系の無資格ガイドによる闇観光ツアーがニュースになっているが、香港のインフォーマルなブローカーたちのやり方も彼らと基本的には同じである。

ただし、カラマたちが「雇用契約」や「取引契約」といったビジネスをどこまで意識しているかはより曖昧である。彼らが「エージェント料金」としてオプションごとの代金を計算した日当を受け取らず、中古車の台数に応じた手数料だけを受け取ることを好む傾向にあるのは、彼らの手取りが香港に渡航しないアフリカ諸国のブローカーや顧客に依頼されて中古車の輸出を代行する場合に上乗せするマージンに等しいものと発想されているからだろう。

端的に言えば、顧客が滞在している間にカラマたちブローカーが顧客に提供する諸々の便宜は「おまけ」のサービスであり、おそらく気持ちの上では「親切」である。もちろん、慣れた様子で香港の人々と渡りあったり、香港に関する豆知識を披露するたびに尊敬のまなざしを向ける同胞たちに親切にすることには、喜びもあるだろう。しかし経済的な観点では、これらの親切は少なくとも当座の利益は生みださない。労力対効果においては、顧客が母国に留まり、香港のブローカーに代金先払いで特定の商品の輸出を依頼するほうが望ましく、この点が次章で説明するSNSのプラットフォームを活用した新しい交易システムの意義を理解するうえで、重要なポイントとなる。

ブローカーが頼りにするのはブローカー

仲間であり商売敵《がたき》でもある中古車ブローカーどうしの関係性がどうなっているのかについても説明したい。

二〇一八年五月三日にカラマに買いつけツアーを依頼したレマ（仮名）は、タンザニアのダルエスサラーム市で不動産会社を経営する四〇代の男性である。彼はミニバンのほかに、トヨタのランドクルーザープラド（Prado）の椅子、トヨタ・カローラ（Corolla）のヘッドライトを購入したいというやや厄介な要望を持っていた。レマが数年前に妻のために購入した中古のプラドは内装がぼろぼろになっており、また運転手を雇ってタクシーとして走らせているカローラはヘッドライトが壊れていた。だが、解体業者の敷地に山積みにされているエンジンやタイヤのアルミホイールなどの部品とは異なり、椅子やヘッドライトを手に入れるためには、そのままでは売れない「廃車」を探しだして業者に解体を説得しなければならない。

カラマとレマは、午後一時ごろから解体業者を回り、五軒目でようやく解体してもよいというランドクルーザーを発見する。中国人のオーナーは英語がまったく話せず、二〇〇〇香港ドルで解体作業を依頼するも、話が伝わったかどうかが心もとなかった。そのまま売れるなら売りたいと考えている業者はいったん解体を承知しても、他の業者が現れることを期待して解体作業を引き延ばしがちであるし、前言を翻すこともままある。そこでカラマは、中国語を流暢に話すことのできるタンザニア人ブローカーのパトリックを電話で呼びだし、迅速に解体作業を進めさせるよう監督を依頼した。

パトリックも普段はブローカーをしているが、ブローカー業は毎日仕事があるわけではない。暇なときには、ブローカーどうしで互いの仕事を助け合うことにしているそうである。ただし、

第2章で中古車の解体作業の日雇い労働を深夜にしているチディの話をしたが、仕事を請け負ったブローカーが困窮しているブローカーに解体作業の仕事を依頼して代金を払うことはある。多くの廃車置き場にはフェンスがあり、秘密裏にアフリカ人を雇用して解体作業をさせている時には、昼間であってもフェンスは施錠されている。

パトリックに作業の監督を任せ、私たちはヘッドライトを探しに解体業者を回ることにした。しかし適合する車種の廃車を見つけることができず、解体業者の広大な敷地を歩き回って疲れてきたカラマは、途中でばったり遭遇したショマリに「暇なら一緒に探すのを手伝ってくれ」とタクシーに誘った。

六軒目の業者で、カラマはトヨタ・アルファード（Alphard）の白のミニバン（ワゴン）を見つけた。オーナーが不在だったので電話をかけて値段交渉し、一万香港ドル（約一二七四米ドル）にまで値下げさせた。オーナーとは、錦田の中心街のATMでお金を引きだし、夕方に支払いに行く約束をしたそうだ。

レマがアルフォードを見つけた解体業者の廃車置場で、ショマリは中古オートバイを三台発見した。ショマリは「錆びているせいでホンダの比較的近年のモデルのバイクだと分からず、他のブローカーに見過ごされてきたようだ」と嬉々とした表情で語った。ショマリのメインの仕事は天然石のブローカー業であり、彼は月曜日に天然石ビジネスの手数料を受け取ったら、すぐにバイクを買いにくるのだという。

私がこんなに錆びついたバイクが売れるのかと疑っていると、「サヤカは中古バイクの価値をぜんぜん分かってないなぁ」と馬鹿にしながら、三台まとめて七〇〇〇香港ドルから一万香港ドルで購入できること、メンテナンスをすれば、この二倍の価格で売れると自信たっぷりに説明した。どうやらショマリは自身でもバイクを運転しており、無類のバイク好きなようだ。

ショマリがモデルごとの値段の違いを解説していると、オーナーとの電話を終えたカラマが戻ってきた。カラマは、楽しそうなショマリを一瞥《いちべつ》すると、「掘り出し物を見つけたのか？」と尋ねた。ショマリは「別に。サヤカが車の種類を全然知らないから解説していただけ」とそっけなく答える。カラマは目ざとくバイクを見つけ、「ホンダか？　相場が分かるのか？」と尋ねるが、ショマリは「さあ」とやはりそっけなく答える。先ほどまでと違うショマリの態度をいぶかしく思っていると、「内緒にしてくれ」と目配せされた。

錦田タウンの銀行でクレジットカードを使い現金を引き落としたレマは、引き返す途中にヘッドライトを探すために立ち寄った店で、偶然に日産・エルグランド（Elgrand）の白のミニバンを見つけた。カラマがオーナーに値段を尋ねると、九〇〇〇香港ドルだという。カラマは「トヨタ車のほうが良いのではないか」と控えめに提案したが、レマは「一〇〇〇〇香港ドルも節約できるし、トヨタ・アルファードよりも状態がよいのでこちらを購入したい」と主張した。カラマは改めて中国系オーナーと交渉し、八五〇〇香港ドルまで値段を引き下げた。

カラマが交渉している間、私はショマリと少し離れた所で立ち話をしていた。ショマリはタンザニアの市場で売るならば、トヨタのほうが正しい選択であると語っていた。「タンザニア人はとにかくトヨタに目がないのだ」と。だが、大きな買い物を終えて戻ってきたレマに「エルグランドをどう思うか？」と聞かれたショマリは、「一五〇〇香港ドルは大きな節約だ」としれっとした顔で答えていた。

翌々日にカラマに会うと、パトリックから解体作業がまだ終了していないこと、椅子以外の残りの部品を買い取りたい旨の連絡があったという。解体が遅れた理由について、カラマは、パトリックが欲を出して他の部品の買い手を見つけようと時間稼ぎをしたからに違いないと語った。

また、レマはチョンキンマンションに帰った後にカラマの説得により、日産・エルグランドに加え、購入を見送ったトヨタ・アルフォードも追加で購入する気になって、翌日にふたりで再び業者を訪れたそうである。しかしトヨタ・アルファードはすでに売約済みとなっていた。真相は不明だが、カラマは奥まった場所にあったアルファードがこれほどすばやく売れたのは、ショマリが誰かに販売を持ちかけたからに違いないと疑っていた。

客＝友人ネットワークの不侵犯と情報のシェア

個々のブローカーたちにとってビジネスの資本は、パーソナルネットワークとして築かれる顧客リストである。前章で述べたように、ブローカーたちは他の誰かが顧客の相手をしているときに、偶々《たまたま》手が空いていたり目的地が同じだったりと、「無理なく」「ついでに」できる頼みごとなら気軽に引き受けてくれる。ベッドシーツの買い物に付き添ったり解体作業を監督したり一緒に部品を探したりして特定のブローカーの仕事を手伝っても、そうした貸しは日常的な奢《おご》りあいや助けあいのなかで解消され、特定のブローカーに分け前を要求したりはしない。特定のブローカーの客に直接的に頼みごとをされても、客から報酬を得たり、客に乗り換えを誘いかけたりはしない。どうしてなのかと尋ねると、「〇〇は、彼／彼女の特別な人＝友人／仲間だから奪えない」「仲間の友人を助けるのは、当たり前だから」といった話になる。

カラマは危険でない限り、私が誰と仲良くしても誰と遊びにいっても文句を言わないし、私の相手が面倒なときにはむしろ積極的に誰かに私を押しつけようとする。しかし、そういった場合でも彼の中では、私は彼の友人＝客であるといった理解が維持されている。それは他のタンザニア人にも共有されており、彼らは私が一人で暇そうに座っていたりすると、「カラマはどうしたんだ？」などと話しかけてくる。カラマに別の用事がある（もしくは爆睡中である）ことを説明すると、「俺はこれから客を迎えに空港に行くけど、お前も一緒に行くか？」などと、まさに自分の用事のついでに相手をしてくれたりする。そういうときに彼らは、彼ら自身の友人として私を誘っているのではなく——彼らは私を「友人」だと言うのだが——、カラマの代わりに彼の客＝友人の相手をしようとしているのではないかと感じる。カラマは常々「もし君に何かがあったら、みんなは俺を責める」と語るし、他のタンザニア人も「君に悪さを働く者はいない」の根拠として「カラマにぶっ殺される」「カラマに申し訳ない」と語る。

また私がカラマの友人＝客／客＝友人なら、私の関係者も彼の友人＝客である。二〇一八年三月に私は、香港の西アフリカ交易人を調査させようと二人の院生を香港に連れてきたが、カラマは「もし〇〇（私の院生）に何かがあったら、俺は大変なことになる」と語った。滞在中の客の安全は、ホストのブローカーが責任を持つことになっているようだ。このような客＝友人筋の不侵犯は、同じ商売をする香港のタンザニア人が「ニッチ」を分けあうと同時に、何人もの客を相手にすることの多い彼らが連携したり協力しあう上で重要な暗黙のルールになっている。

だが、仲間との暗黙のルールは、これだけである。彼らにとって客以外の資源——商品や商品情報、仕入れ先、交渉術・商売のコツなど——は、誰のものでもない。錦田地区にブローカーごとの「シマ」があるわけではないので、点在する中古車販売業者や解体業者の敷地に置かれた膨大な中古車や中古車部品は、早い者勝ちで買われていく。目星をつけた中古車はなるべく早く業者に手付金（デポジット）を支払って正式な売買契約を結ばないと、すぐに別の誰かに奪われてしまう。これまでの章でも触れたように、タンザニア人中古車ブローカーの大半はカラマに教えられた、またはカラマに教えられた誰かに商売の方法を学んだため、商売のやり方どころか、交渉文句や説得の決め文句までまったく同じである。懇意にしている仕入先の業者も先人から紹介されたものなので、やっぱり同じである。顧客の要望に合致した車種がなかなか見つからない時には、「RAV4をどこかで見なかったか」などと仲間たちにSNSなどで聞くのが通例であり、WhatsAppのグループページに「RAV4を探している」などと情報を呼びかけることもある。こうした情報交換は、彼らが顧客の要望を効率的に満たす可能性を高める手段であるが、二日歩き回ってようやく見つけた商品をわずかな隙に別のブローカーに奪われると悔しい思いもする。そのうえ目星をつけた車が他のブローカーに買われてしまったので、仕方なく妥協して別の車を仕入れチョンキンマンションに戻ってくると、じつは妥協して買った車こそが、目星をつけた車を仕入れたブローカーがそもそも欲しかった車であった、という残念なオチに気づくこともよくあるのだ。

つまり、彼らは「客筋の不侵犯」という原則のもとでニッチを分け合いながら、商品や仕入れ先、ビジネスのコツや交渉術などは「コモンズ」としてみなでシェアしあう。前述した通り、人生逆転のチャンスをつかみに香港に進出した彼らは独立自営を好んでおり、業者に労働者として雇われることだけでなく、他のブローカーと共同経営することも好まない。そのような彼らが、客筋の不侵犯により緩やかなニッチを確保しつつも、商売のやり方を積極的に教授することでライバルを増やし、そのライバルとの間で情報を「シェア」していくことは、みずから商品や仕入れ先をめぐる競争を激しくする行為にもみえる。だが、ここには、「ついで」に無理なく助けあうことで香港での生活を成り立たせている「生活の論理」と、市場競争という「ビジネスの論理」とのあいだにセーフティネットを創出・維持する、「仕事のしかたをシェアする実践」があるように思われる。

次章からは、彼らが構築した「シェアリング経済」がどのような働き方・生き方の論理と結びついているかを検討していく。そこには、日本人にとって、個々の経済的利益と自分たちの自律的な「生活保障」を両立し、働くことにまつわる重苦しい依存関係を巧みに回避していくための処方箋までもが埋め込まれている。

第4章 シェアリング経済を支える「TRUST」

「その人らしさ」でつながるネットワーク

前章までは、カラマたち中古車ブローカーの日常的な仕事について開示しながら、彼らが仕入先の香港の中古車業者・解体業者と、顧客であるアフリカ系交易人、商売敵《がたき》でもある仲間のブローカーとどのような関係性を築いているかを説明してきた。

第3章で述べたように、ブローカー業は、香港の地理や中古車業者のやり方・手口に不慣れなアフリカ系の顧客と、アフリカ系顧客のやり方や手口に不慣れで信頼できる客かどうかを見極められない業者との「信用」を肩代わりすることで、手数料やマージンをかすめとる仕事である。カラマたちの商売は、顧客と業者のあいだの「信用の欠如」によって成立しているゆえに、彼らにとっては両者を直接的に出会わせることなく――すなわち、アフリカ系の顧客を香港に渡航させずに――両方から仲介を依頼されることが重要となる。

また、カラマたちの手数料やマージンは、コンテナの隙間につめる商品探しや家族への土産探し、香港での諸々の便宜に対しては支払われず、中古車の購入台数あたりで決まるものであるがゆえに、労力対効果の意味でも顧客が母国に留まり、彼らに特定の商品の輸出を依頼することが望ましい事態である。さらに仲間であると同時に商売敵でもあるブローカーたちのあいだではニッチを分け合ううえで「客筋の不侵犯」が重視されているが、それ以外の事柄――商売のやり方や業者との取引――は誰にでも開かれており、商品は早い者勝ちであった。そのため、彼らの間では、目星をつけた中古車を別のブローカーに奪われてしまったり、自身が不本意に購入した中古車こそが別のブローカーが探していた車種であるといったマッチングのエラーも生じていることを述べた。

本章では、こうした事態に直面するなかで、ごく自然に構築されてきたSNSのプラットフォームを活用した「TRUST」(通称)という仕組みを説明し、彼らがどのようにICTや電子マネーを取り入れながら、商品やビジネスに関わる情報をシェアする「コモンズ」を協働で蓄積・創出し、個々のブローカーと商品をマッチングさせ、かつ顧客や仕入先の業者の都合に左右されずにビジネスを回しているかを明らかにする。

SNSを通じた草の根の中古車オークション

さて、カラマたちは、ビジネスの宣伝や、香港の中古車業者の店舗や解体業者の廃車置場で見つけたアフリカ諸国で人気のある車種の写真（や希望販売価格）を、顧客ネットワークに流している。これらの顧客とのネットワークは、客筋の不侵犯を原則としてそれぞれのブローカーが個別に築いたものである。

しかし同時に、彼らは日々の情報交換や組合活動などのために、ＳＮＳにグループページを構築し、時にはそれらのグループページで「○○の車を探しているが、誰か知らないか」「○○の部品の相場はいくらか」といった情報の呼びかけをしたりもしていた。

カラマは、商売敵の増加と日々の生活の困難に伴い、二〇一六年頃からいくつかのＳＮＳのグループページやインターネット上の媒体が、個人の顧客ネットワークと同じくらいに重視・活用されるようになったと語る。

彼らは私が知る限り、二つのグループページを持っている。ひとつは、WhatsApp上に築いたグループチャットページで、もともとはタンザニア香港組合の活動の連絡用ツールであった。このグループページにはカラマたち香港在住者だけでなく、香港・中国から母国に帰還した交易人や常連客なども参加している。もうひとつはFacebookのグループページである。これは、香港で見聞きした情報を故郷の人々に伝え、故郷の人々が母国で生じている変化を香港で暮らす同胞に届けることを目的として築かれたものである。そのため、彼らの母国の家族や友人、恋人と現地の商人らが参加している。

いまではカラマたちは、特定の顧客に車の写真を送って「こんなに状態の良いトヨタ・プラドを見つけたんだが、買わないか」と直接的に営業をかける以外にも、不特定多数の人が参加しているSNSに偶然に見つけた売れ筋商品の写真と希望販売価格を流すことに忙しい。こうした情報をどのように活用するかを緩やかに設定しているものが、以下で説明するTRUSTという「仮想」のプラットフォーム（専門的に構築されたサイトではないため、正確にはカラマたちが「シェアのルール」または「架空のグループの口座」を指して呼んでいるものを意味する。またルールは共有していても名称は知らない者たちも少なからずいる）である。

Instagram と Facebook（とリンク先の多様なSNS）にまたがるTRUSTには、香港に滞在するブローカーと顧客（アフリカ諸国にいるブローカーおよび定期的に中古車を輸入する一般の消費者）、そして彼らの友人・知人たちが参加しているが、流動的であるため正確な人数は不明である。このプラットフォームに参加している香港のブローカーは、電化製品や携帯電話など様々な取扱商品の写真を掲載しているが、ここでは中古車を例にとって典型的なやり取りを描写してみよう。

ある日カラマがSNS上に流した車の写真のなかに、「二〇〇〇米ドル」と販売価格のコメントがつけられたトヨタ・カローラの写真があった。いつものように Facebook をチェックしていたタンザニア在住のブローカーのジョージ（仮名）は、カローラの写真をみて自家用車を欲しがっていた一人の富裕女性を思いだし、「これは売れるぞ」と直感した。カローラの写真を富裕女性に転送すると、すぐさま彼女から「この車ならタクシーとしても活用できるし、絶対に買うわ」と乗り気の返答がきた。

さっそく値段交渉をして決まった合計金額から輸送経費を引くと、車の購入代金は四五〇〇米ドルでカラマの販売価格よりも二五〇〇ドルも高かった。ジョージは「欲張りすぎかな」と思いながらも自身の取り分として一五〇〇ドルを設定し、カラマが流した車の写真のコメント欄に「三〇〇〇米ドルで買いたい」と書き込みをした。ところが同じ頃タンザニア在住のノア（仮名）もカローラに目をつけていたようで、ジョージのコメントのすぐ後に「僕は三五〇〇ドルまで出せる」と書き込んできた。ジョージは少し落胆しながらも、せっかく見つけた顧客を逃さないようマージンを五〇〇米ドルにまで引き下げて「四〇〇〇米ドルまでなら出せる」と再度コメント欄に書き込んだ。

カラマは半日ほど待ってみたが、他に書き込みがなかったので「ジョージに四〇〇〇米ドルで販売する」とコメントした。ただし、カラマにはひとつ問題があった。ジョージから手付金を送るのに四日ほどかかると連絡があったが、彼は一昨日に別の車の手付金を立て替えてしまい、手持ちがまったくなかったのだ。そのうえ業者によると、昨日カローラの値段を尋ねてきたブローカーがいたという。そこでカラマは、参加者に出資を募ることにした。

ジョージにカローラを取られてしまったノアは、「取引への参加を求む」のコメントに即座に反応し、一〇〇〇米ドルの出資を申し出た。このやり取りを眺めていた香港在住のブローカーであるサミールとイマ（いずれも仮名）はここ数週間、商売がうまくいっていなかった。小遣い稼ぎをしようと二人はそれぞれ「五〇〇ドルなら出資できる」とコメント欄に書き込んだ。ノア、サミール、イマからの出資で無事に二〇〇〇米ドルの仕入れ代金を獲得したカラマは、翌日、香港業者と交渉し一五〇〇米ドルの一括払いでカローラを仕入れ――じつは香港業者の販売価格は一五〇〇米ドルで彼は五〇〇米ドルを上乗せした情報を流していた――、輸送手続きを進めた。

後日、顧客から代金を回収したジョージからカラマに四〇〇〇米ドルが送金されてきた。


このように香港在住のブローカーたちは通常、自身が流した商品にもっとも高い値段をつけた者に販路を決める。上述したケースでは、「販売価格二〇〇〇米ドル」を提示したカラマから「四〇〇〇米ドルの価格」をつけたジョージにカローラが流れたので、SNS上で開示されている情報から分かる「利益」は、二〇〇〇米ドルである――じつはジョージもカラマも別に五〇〇米ドルのマージンを得ているが、それはSNSの参加者にはわからない。

彼らが構築したTRUSTとは、このようなSNS上の金銭の流れを示す「架空の共同口座」

のようなもので、利益の分配には緩やかな了解が成立している。ＴＲＵＳＴに参加する人びとの了解では、利益（二〇〇〇米ドル）のうち半分（一〇〇〇米ドル）を車の情報提供者であるカラマと買い手を見つけたジョージが折半することになっている。この事例では、彼らの利益はそれぞれ五〇〇米ドルである。残りの半分（一〇〇〇米ドル）はこの取引に出資したノアとサミール、イマにそれぞれの出資額に応じて配当される。この事例では、ノアに五〇〇米ドル、サミールとイマに二五〇米ドルの配当がなされる計算になる――出資者がおらず、顧客からの回収代金で一括払いした場合は、情報提供者と買い手を見つけた者が利益を分けあう。

なお、このしくみは逆方向の情報の流れにも使われ、アフリカ諸国に居住するブローカーや顧客が購入を希望する車種の写真をＳＮＳに流すこともある。香港に滞在するブローカーの中でその車種を見つけた者は、同様に販売価格や車の状態などの情報をＳＮＳ上に投稿する。そして複数のブローカーが車をみつけた場合は、最も安い買値を提示したブローカーとの間で取引が締結される――ただし製造年や状態によってはこの限りではない。

協働型コモンズとしてのＴＲＵＳＴ

情報通信技術（ＩＣＴ）やモノのインターネット化（ＩｏＴ）、電子マネーやブロックチェーン等のテクノロジーの発展にともなう社会経済の大きな転換が叫ばれるようになって久しい。特に二〇一〇年代に入ってからは、「シェア」「フリー」「コモンズ」といった概念がこれからの経済社会を形作る鍵概念として急速に注目を集めるようになった。(1) たとえば、ジェレミー・リフキンは『限界費用ゼロ社会』のなかで、ICTやIoT等の発展に伴い、生産コストが下がり、個々人がピアトゥピアで直接的に取引するようになり限界費用が限りなく減少していくことで実現すると予想される経済について、次のように述べる。

「限界費用がほぼゼロの経済は、経済プロセスというものの概念を根底から変える。所有者と労働者、売り手と買い手という古いパラダイムは崩壊し始めている。生産消費者《プロシューマー》は生産し、消費者は自らにとっての生産者になりつつあり、両者の区別は消えだしている。生産消費者は生産し、消費し、自らの財とサービスを協働型コモンズにおいてゼロに限りなく近づく限界費用でシェアし、従来の資本主義市場モデルの枠を超えた新しい経済生活のあり方を前面に押し出す。

次に、市場経済のあらゆる部門での仕事の自動化によって、すでに人間が労働から解放され、進化を続けるソーシャルエコノミーへと移行し始めている。市場経済時代には勤勉が重要だったが、来るべき時代には、協働型コモンズでのディープ・プレイ〔訳者注：市場ではなくシビル・ソサエティで人々が才能や技能をシェアし、社会関係資本を生み出すことを意味する著者の用語〕がそれと同じぐらい重視され、社会関係資本の蓄積は、市場資本の蓄積に劣らぬほど尊ばれる。物質的な豊かさではなく、コミュニティへの愛着の深さや、従来の枠を超えたり意義を探求したりする度合いによって、人生の価値が決まるようになる(2)」

ＩＣＴやＩｏＴを通じて商品や値段などの情報から商売のやり方やコツにかかわる知識、あるいは「機会」や「ニッチ」を提供しあい、誰もが利用できる「コモンズ」にしていく。リフキンは、人的資本をふくめた有形無形の資源を結びつけるグローバルネットワークが形成され、生産性が極限まで高まれば、人々は財やサービスを無料で生産・消費する時代になると希望をこめて予想する。そして、そのためには、人々が知識やモノ、サービスをシェアしあう「ユーザー・コミュニティ」が重要となるという。つまり、何らかの社会的価値や倫理的価値、生きがい、楽しみといったことも含めたシェアリング経済のプラットフォームが必要となるのだ。

また、アルン・スンドララジャンは、企業中心の現代は人類の歴史から見ればごく短期間にすぎず、産業革命までは大部分の経済的関係が個人対個人の形を取り、コミュニティに根ざし、社会関係と密接に絡まっていたと述べ、かつて存在した共有体験、自己雇用、コミュニティ内での財貨の交換が現代のデジタル技術によって復活しつつあるというのが、新規なもののように語られるシェアリング経済に対する正しい見方であると指摘している。彼は、現代におけるシェアリング経済の新しさとは、ＩＣＴ等の発展により「経済的コミュニティ」が家族や近隣住民の枠を超えて、デジタル的に身分証明された全世界の人々に広がること（＝ストレンジャー・シェアリング）と、商業価値の源泉が企業から一般大衆の起業家へと移行すること（＝クラウドベース資本主義）であるという。[3]

だが、彼がいう「クラウド資本主義」の特徴——市場ベースであること、資本の影響力が大きいこと、分散化された個人が担い手となること、パーソナルとプロフェッショナル、フルタイム労働と臨時労働、自営と雇用、仕事と余暇の線引きが曖昧であることなど[4]——は、まさにグローバルに連結したインフォーマル経済と大部分で重なっているようにみえる。

カラマたちがICTや電子マネーを活用して築いたTRUSTも、こうした「協働型コモンズ」の創出を通じた、ある種のシェアリング経済のしくみである。

TRUSTは、中古車の買い手を探す香港のブローカーと、中古車を探すアフリカ諸国のブローカー・顧客とを直接的に繋げる役割を果たす。TRUSTに参加する者は、情報提供者・顧客・出資者のいずれにもなることができる「ユーザー」である。そして、TRUSTへの参加は、ユーザーたちに多くの利点をもたらしている。

第一に、TRUSTに参加すると、売れ筋商品を見つけたが買い手を見つけられなかったブローカーも、買い手から注文を受けたが商品を見つけられなかったブローカーも、アフリカ各地と香港・中国に広がる各ブローカーのパーソナルネットワークを結集した「情報＝コモンズ」の中から買い手／商品を獲得できるようになる。アフリカ諸国のブローカーは、香港に渡航しなくても商品を探したり、相場を把握することができるようになる。このことは、冒頭で述べたように、香港のブローカーにとって自身の仕事の存在意義を維持する重要な利点となっている。

第二に、TRUSTは、参加するブローカーどうしのもつ商品と買い手の希望をマッチングさせるしくみであり、冒頭で述べたような仲間のあいだの「すれ違い」を防ぐことができる。

第三に、一種のクラウドファンディングを通じて、香港の中古車販売業者・解体業者に一括払いができるため、香港の業者の取り置き期限とは関係なく、彼ら自身が設定した期限で余裕をもって買い手から代金を取り立てられ、かつその不履行が生じた場合でも、その中古車をTRUSTに参加する別のディーラーに回すことができ、商品を探すのに費やした時間と労力のコストが無駄にならない。

第四に、TRUSTでは、どのような商品にどのくらいの値段や買い手がつくかといった情報が蓄積され、複数の人々が実際にその情報を活用した「実験」の結果も蓄積されていくので、毎日SNSを眺めていると、日々の中古車探しや顧客への説得なども効率的・効果的に行うことができるようになる。

これらの利点は、香港および母国のブローカーにとって相対的なビジネスの安定につながるものであるが、TRUSTにはより直接的な生活保障の機能も埋め込まれている。

「セーフティネット」としてのTRUST

TRUSTは、インフォーマルな送金業者の電子マネー口座を通じて個人ベースのクラウドファンディングを可能にするしくみでもある。先にTRUSTは、一種の架空口座のようなものだと述べたが、実際には、アフリカ諸国と香港のあいだの金銭のやり取りを介在する現実の「口座」がある。

TRUSTの送金システムを説明する前に、カラマたち香港のブローカーが、アフリカ諸国の顧客との間で金銭をやり取りする際に利用する方法を説明したい。主に五つの手段がある。

第一に、ウェスタンユニオン（Western Union）やマネーグラム（MoneyGram）といったフォーマルな国際送金サービスを利用する方法である。特にウェスタンユニオンはチョンキンマンションの一階にもあり、よく利用されているが、手数料が高く、現金を頻繁にやり取りするには不適切である。

第二に、中国・香港の大学等に留学していたり、現地の女性と婚姻関係を結んでいるなど、中国・香港の銀行口座をもつ者の口座を借りることである。例えば、現在はタンザニアに在住している元中国を拠点とするブローカーのジョセフは上海市の大学に留学経験があり、ＨＳＢＣ銀行の口座を持っている。彼は時々カラマたちに頼まれて銀行口座を海外送金のために貸すが、口座名義やカードを貸し借りするのはリスクが高いため、緊急事態に限られる。

第三に、ＶＩＳＡやMaster Cardなどのクレジットカードを使用して、香港の銀行ＡＴＭから金銭を引き出すことである。ブローカーや交易人の中には、クレジットカードを所有している者もいるが、安定的な所得源を持たないと借入の上限額は低く設定されるし、頻繁かつ高額な利用では利子もかさむ。

第四に、タイミングよく帰国する交易人（商業的旅行者）やブローカーに「ついで」に現金を運んでもらう方法である。組合活動の説明で述べたように、カラマたちは香港とアフリカ諸国の間を定期的に行き来する交易人と懇意にしており、ちょっとした親切の見返りに家族への土産や小さな商品を運んでもらう。彼らが香港にくるタイミングがちょうど合えば、現地の顧客からの代金を届けてもらうこともできるし、互酬的な助け合いの延長とみなされて手数料もかからない。だが、それほどタイミングよく渡航する者は現れないし、土産物よりも大金を預けることのほうがネコババのリスクが高い。

カラマたちが最も頼りにしている第五の方法は、インフォーマルな送金業者の利用である。彼らは、ケータイの電子マネー口座を利用し、非常に少ない手数料、時として無料で送金を代行する。例えば、「バガンダ」の愛称で呼ばれる送金業者は、いつも黒い鞄を携えてチョンキンマンション内を徘徊している。バガンダは、一〇〇米ドル以下の送金の場合には、手数料として一回五〇香港ドル（約六米ドル）、一〇〇〇米ドル以上の送金については一回四〇香港ドル（約五米ドル）で送金を請け負う。

バガンダの送金システムは、以下のとおりである。香港からカラマが一〇〇米ドルを現地の事業を運営する妻に送りたい場合、カラマは一〇〇米ドルと五〇香港ドルをバガンダに手渡しする。バガンダには、ウガンダ、タンザニア、ケニアの東アフリカ三ヶ国にビジネスパートナーがいる。彼はその場で、スマホのショートメッセージなどを通じてタンザニアのパートナーにカラマの妻の電話番号と一〇〇米ドルの情報を送る。メッセージを受け取った現地のパートナーはすぐさまM-PesaやTigo-Pesaといったタンザニアの通信会社が実施しているケータイ口座を使った送金サービスを利用して、カラマの妻のケータイ口座に電子マネーを送金する。その後、妻から無事に届いた旨の連絡が来る。この間、わずか一五分程度である。妻はわざわざウエスタンユニオンのオフィスに出向く必要もないので、じつにスピーディである。

カラマがタンザニアのブローカーから代金を受け取りたい場合も同じである。タンザニアのブローカーは、バガンダの現地パートナーのケータイ口座に一〇〇〇米ドル＋四〇香港ドルに相当するタンザニアシリングを送金する。そして現地パートナーから送金相手の香港ブローカーの電話番号と送金額の情報を受け取ったバガンダは、カラマに相当額の香港ドルを手渡しする。

このインフォーマルな送金システムには、もうひとつ重要なアクターが存在する。じつはバガンダたち送金業者は、香港のアフリカ系天然石輸入業者を通じて運転資金となる大金を無利子で借りている。輸入業者が送金業者に現金を貸しているのは、アフリカ諸国と香港との間でビジネスをする資金の送金手数料と換金手数料を浮かせるためである。

香港の輸入業者は、アフリカ諸国の通貨で天然石を購入し、香港の卸売商に販売することで、利益を香港ドルで得ている。他方、カラマたち中古車ブローカーは香港ドルで中古車を仕入れ、アフリカ諸国に輸出して現地の消費者に販売することで、利益をアフリカ諸国の通貨で得ている。カラマたちは確かにタンザニアの家族にしばしば生活費を送金しているが、彼らが行っているのは輸出業なので、香港からタンザニアへと動く金額よりも、タンザニアから香港へ動く金額のほうが圧倒的に大きい。輸入業者は、東アフリカ各国にいるバガンダのパートナーに集められた「中古車購入代金」を現地での天然石の買いつけに運用することで、香港で得た利益から仕入れ経費を送金したり換金しなくても済ませることができる。つまり、バガンダたちインフォーマル送金業者は実際に金銭を動かすわけではないので、手数料は彼ら自身の日々のマージンだけとなり、非常に少なく設定できるのである。

このインフォーマルな送金システムは、香港とタンザニア間で仕入れ地と販売地が逆向きの業者が手を組み、その間に送金業者を介在させれば容易に実現するものであり、本稿では中古車ブ

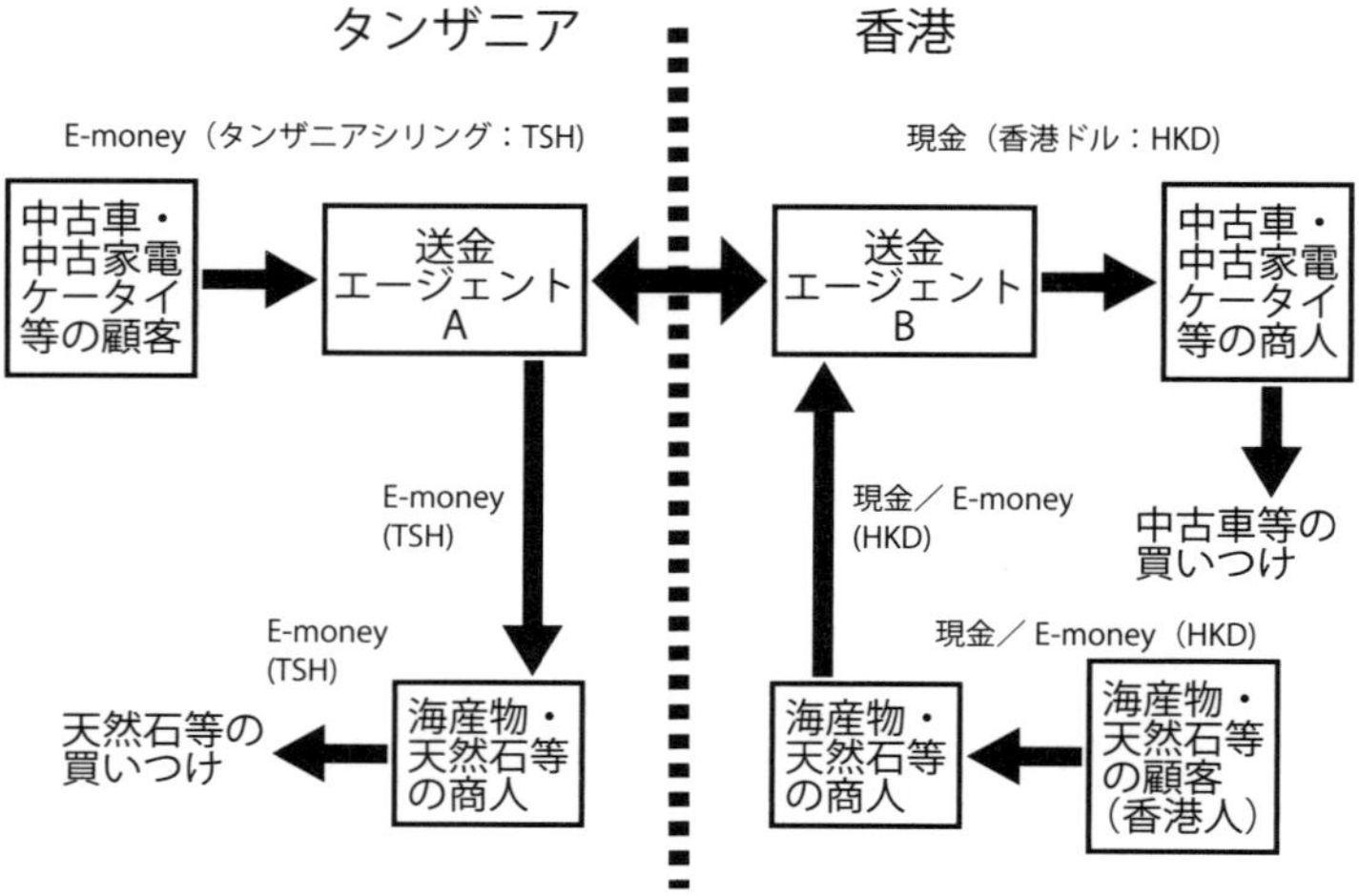

インフォーマルな送金システム

ローカーと天然石会社を事例として説明したが、ケータイ電話ブローカーと海産物ディーラーでも成り立つ（上記の図）。ただし法的にはグレーな地下銀行の一種である。

さて、インフォーマルな送金業者を介在させることで、ＴＲＵＳＴは国境を越えたクラウドファンディングを実現した。このクラウドファンディングは、顧客や商品を獲得できなかった香港・タンザニアのブローカーにとっては、生活保障の機能を果たす。彼らは、資本の一部を他の人々の取引に投資することで、日々の生計を安定させるちょっとした利益を稼ぐことができる。

もちろん販路が決まった取引に投資するので、「信用の不履行」（詐欺や踏み倒し）が生じない限り、投資時に計算した通りの配当金が得られる。そしてＴＲＵＳＴが、目星をつけた車をジョージに奪われたノアのようなブローカーも少しは利益を稼げる「セーフティネット」を兼ね備えていることと、市場競争の論理に「シェア」「助け合い」の論理が組み込まれていることが、仲間内で特定の商品を競りあう事態をめぐる緊張を和らげていると想定されるのである。つまり、このしくみでは、誰かと誰かの取引の成立において「おこぼれ」という形の共同利益が創出される。個人によるビジネスの成功が、他の誰か（仲間）にとってもベストではなくても喜ばしい事態へと転換されるのである。

以上でみたようにＴＲＵＳＴはなかなか良くできた交易システムであるのだが、ＴＲＵＳＴのもっとも重要な機能はその名前のとおり、香港ブローカー全体に対する「漠然とした不信感」を担保しながら、そのつど特定の誰かに関する「偶発的で一時的な信用」を立ち上げるしくみになっていることである。機能だけ見れば、ＴＲＵＳＴはその他の専門的なオークションサイトやフリマサイトと似通っている。だが、ＴＲＵＳＴの信用は、その他のフォーマルな専業的フリマサイト／オークションサイト――例えばメルカリやヤフオク等――とは違い、運営する企業が担保しているわけではない――実際にInstagramやFacebookとリンクが張られた複数のＳＮＳサイトにまたがるＴＲＵＳＴには、特定のリーダーも活動家・思想家もいないし、取引における信用の不履行が生じても、FacebookやWhatsAppのサイトの運営者に責任が帰せられることはない。

さらにＴＲＵＳＴがフォーマルなフリマ／オークションサイトと異なる発想で作られている最たる点は、ＴＲＵＳＴが「信用できるブローカー／顧客」と「信用できないブローカー／顧客」を次第に明るみにしていくものではないことである。ＴＲＵＳＴでは相変わらず誰もが信用できるし誰も信頼できない世界・人間観が維持されており、それゆえに取引実績や資本規模、過去の失敗や裏切りにかかわらず、誰にもチャンスが回ってくる。ＴＲＵＳＴに参与するブローカーのあいだの「不信」と「信頼」のバランスは、カラマたちが毎日みせてくれる（正直ちっとも面白くない）コメディ動画や、カラマたちが頻繁に私と撮りたがる「記念写真」、タクシー運転手まで巻き込むライブ映像、さらに商業的旅行者をふくめて「ついで」におこなう日々の助けあいや組合活動と連動しながら創出されている。

最大の楽しみはInstagramのライブ中継

次に、彼らがＴＲＵＳＴを通じて誰かを偶発的に信頼したり、信頼しなくなったりしながら、商品や買い手を「シェア」していく実践を明らかにする。そこから浮かび上がってくるのは、遊んでいることが仕事になり、仕事が遊びや仲間との分かち合いになり、ビジネスが誰かの意図・意志や規範的・倫理的な強制力なしに「社会的なもの」へと変化していくプロセスを実行する論理である。

彼らの信頼／信用システムがどのように成り立っているのかを説明する前に、まずカラマたちのInstagramやWhatsAppに対する熱中ぶりと、それらに投稿するための映像や写真へのこだわりを示すエピソードを、いくつか紹介したい。

二〇一六年の大晦日の夜、チョンキンマンションが面する弥敦道（Nathan Road）は、カウントダウン・パレードの観客で歩く隙間もないほどにごった返す。様々な団体が参加して、鮮やかな衣装に身を包み、竜や獅子の巨大な模型や山車を曳《ひ》きながら、賑やかな音楽とともに行進したり、派手なパフォーマンスを披露する。司会者の巧みな話術でパレードは盛り上がり、有名人によるトークショーなども幕間に挟まれる。パレードが終了すると、香港湾をはさんだ対岸からカウントダウンの花火が打ち上げられる。

広州市に調査に出かけていた私は、「大晦日と新年は絶対に香港で過ごすべきだ。大晦日のパレードを見ないなんて人生を無駄にしているよ」とカラマが絶賛するので、この数日前に香港へと戻ってきた。背の低い私は、自撮り棒にスマホを装着し、パレード開始前から沿道にスタンバイしていたが、人ごみにもみくちゃにされてあっという間にパレードが見えない位置に押し出されてしまった。パレード終盤近くになって悠々とやってきたカラマは、慣れた調子ですいすいと人込みを掻き分けて沿道のすぐ脇に陣取った。

いつものようにポーズを決め、「は〜い、皆さん、俺はミスター・カラマ、香港からの中継です。今日の香港は熱いです！　大盛り上がりです！」と情報番組のリポーターのようにInstagram のライブ中継を始めた。

ところが、狭い場所で膨大な数の人間がインターネットに接続しようとしたせいなのか、接続が遅かったり、つながったと思ったらすぐに切れてしまったりと、中継がうまくいかない。カラマは珍しくパニックになった様子であちこちと場所を移動したり、私から自撮り棒を奪ってスマホをなるべく高くに掲げてみたり、最新の機種を所有している仲間とスマホを交換したりと手を尽くしたが、どうしたわけか接続できなかった。

しばらくしてカラマは、「今日の最大の楽しみがなくなった。やる気が失せた」とすっかりしょげ、いつもの路地に引っ込んで背中を丸めて座り込んでしまった。「そんなこと言わずに楽しもうよ」と声をかけてみたが、「サヤカは楽しんでくればいい。俺はもうどうでもいい」と子供みたいに拗《す》ねたままだ。

大晦日のイベントに興味を失ったカラマを放置して、私は花火がよく見える場所を探しながら香港湾近くへと移動したが、結局、林立する高層ビルの隙間からほんの少しだけ覗いた花火の写真を一枚だけ撮影し、チョンキンマンションへと戻った。

カラマたちに再会すると機嫌が直っていたので、花火の写真を撮影したかと聞くと、「当然だ」

と香港湾に打ちあがる見事な花火を見せてくれた。「うわぁ、きれい。どこで撮影したの」と驚いて尋ねると、カラマはいたずらっぽい顔をして、「じつはインターネットから拾ったんだ」と笑った。ついでにライブ中継は成功したのかと聞くと、「心がしくしく痛むから、その話はしないでくれ」と顔をしかめた。

また、カラマたちは、タンザニア香港組合の活動の一環と称して頻繁に集まってパーティをしているが、その様子も毎回、SNSに投稿されている。彼らは完全に昼夜逆転の生活をしているため、パーティはたいてい夜遅い時間帯に始まり、時には明け方近くまで続く。ふだんは、近くのコンビニの前やチョンキンマンションの通路などに缶ビールとつまみを持ち寄って群れていることが多いが、誰かの誕生日などには、香港各地の公園や公共のビーチなどでバーベキューをするのが定番のようだ。

カラマは、「若い連中と夜通しはしゃぐにはすでに体力的に厳しい年齢だ」とぶつぶつと言いながらも、SNS用の写真やビデオを撮影することをもっぱらの目的としていそいそとパーティに出かけていく。いつだったか、私は「あなたたちは本当にパーティが大好きだよね。私は正直、徹夜の飲み会はしんどいよ」とカラマにぼやいたことがある。彼は、「誕生日会などのパーティは、ごく近年にタンザニア人に広まった新しい文化だ。サヤカは小さい頃から誕生日会だとか卒業パーティだとかを十分に経験してきたから、大人になって重要ではないと思えるようになったんだ。俺たちは、これまでの人生で経験してこなかった楽しみをできるだけ多く取り戻したいだけなんだ」としんみりした顔をして語っていた。

二〇一八年二月二五日には、カラマに「今日は良い所に連れて行ってやる」と誘われ、夜九時過ぎにタクシーで屯門（Tuen Mun）区にある香港の高級リゾートホテル、ゴールド・コースト・ホテルから数十分の公共のビーチに出かけた。車中でいつものようにタクシー運転手を巻き込みながらライブ中継をし終えると、直後にInstagramを見ていたらしいタンザニアの妻から「私は子育てでへとへとなのに、何でお前だけが羽を伸ばして楽しんでいるんだ。今すぐ香港行きの航空チケットを送れ」と怒りの電話がかかってきた。カラマは「遊んでいないよ。えーっと、サヤカがパーティに行きたがったから連れて行く途中で、俺は、その、えーっと、すぐに帰るよ」などとしどろもどろになりながら、苦しい言い訳をしていた。

ビーチに着くと、数人の女性たちがバーベキュー用の肉を焼いており、すでに十分に酔っ払っていた数人の男性がベンチの上で踊っていた。その様子を周りの人々が時々スマホで撮影する。誕生日ケーキも用意されており、その日が誕生日だという男性に「実は私の誕生日も今日なのよ」と告げると、「早く言えよ。前もって知っていたら君も最初から誘ったのに」と残念がられ、「とにかく早く酔っ払って、俺たちに追いついてくれ」とビールを渡された。

カラマは、「よっ、真打ち登場」などと仲間たちに煽てられ、チャーミングなダンスを披露し、

いずれにしても過去の取引実績や経済力、社会的地位や身分（難民認定、現地人との婚姻関係等）を測る指標だけでなく、虚実や不透明さも含めて、それ以外の人格的理解がいやおうなく取引の成就に関係してくることは、ＴＲＵＳＴが誰にでも開かれ、誰にでもチャンスが回ってくるＳＮＳのプラットフォームを介したしくみである条件になっている。社会的コミュニケーションスキルの高さが優位性をもつ可能性は否定できないが、香港で暮らすタンザニア人たちには月額六万米ドルを超える「成功者」から日々の食費にも事欠く「貧窮者」まで様々で、おしゃべりな者も口下手な者もいるものの、一度もチャンスが回ってこないという人物はいない。

さらに、こうした社会的なコミュニケーションと個々のビジネスが渾然一体となっていることは、特定の個人に過度な負い目を固着させずに、気軽な助けあいを促進する仕組みにもなる。ある人物がその他大勢よりも「信頼」できるように感じる重要な機会はやはり、自分以外の誰かによる「あの時は、マジで助かったぜ」「君がいないとつまらないよ」といったコメントを通じて、少なくとも直近の状況において、彼／彼女が多くの人びとに好かれていることを了解する場面である。家族のお土産を買うことに付き添ったり香港各地の観光案内をすること、葬式や遺体輸送といったタンザニア香港組合の活動に積極的に貢献すること、「ついで」に見ず知らずの若者の道案内をしたり部屋に泊めたりしてあげること、これらの親切はその時その場では決して「利益」を目的にしたものではないが、ＴＲＵＳＴの仕組みがあれば、そうした親切が回りまわっていつか「新しい商売」につながるかもしれない程度には期待できるものとなる。つまり、専門的サイトではなくＳＮＳをそのまま活用していることが、ビジネスでの利益と社会的な実践とをごく自然なかたちで有機的に結びつけているのである。

このようにしてビジネスに関わる利己的な関心と他者に対する利他的なふるまいが分かちがたく結びついたしくみが築かれていくと、彼／彼女から私への親切に直接的に返済できなくても、それは彼／彼女のチャンスへとつながりうるし、私自身が別の誰かに対して提供した親切の見返りをその人物から得られなくても、私はすでにチャンスをつかんでいるかもしれないという世界が築かれていくことになる。すなわち、ここにも「負い目」を曖昧化しながら自発的支援を促進することで、「きっと誰かは助けてくれる」という国境を越えた巨大セーフティネットを形成していく仕掛けがあるのだ。

「遊び」と「仕事」の順序

じつはＴＲＵＳＴのしくみを理解した後に、私はメルカリやヤフオクをはじめとする類似のサイトをカラマに見せて、その仕組みを説明したことがある。当時、私は、一般的なＳＮＳを活用した彼らのプラットフォームは洗練されていないように感じていた。中古自動車から電化製品、衣類雑貨など流れてくる商品情報はばらばらであるし、その合間にパーティの写真にコメディ動画、日々の出来事に関する雑感に大量の絵文字……がランダムに流れてくる。さらに「詳しい情報はInstagramを見よ」と様々な個人ページのリンクが張られており、そのリンクに飛んで初めて商品画像を見つけることもある。TRUSTが基盤とする複数のSNSは、まさにカオスだ。ただ普通に眺めているだけでは、これがビジネスサイトとして活用されていることに気づくことは難しいとさえ思う。そのため、商品の種類や予算ごとに検索できて、受注や輸送のリアルタイムの情報が組み込まれ、業者の評価システムを確立した専門的なビジネスサイトを構築すれば、より効率的に商売ができるのではないかと考えたのだ。カラマは私の得意げな説明を興味深そうにうなずきながら聞き、「そのアイデアはほかの人には内緒だ。プログラマーの友人に頼んで俺が最初に試してみるよ」と言っていたが、その後に何のアクションも起こさなかったのを見ると本当はそれほど関心がなかったのではないかと今では思う。私は、大きな勘違いをしていた。

人類学者の小田亮はかつて「贈与交換」「分配」「再分配」「市場交換」という四つの交換のタイプを「負い目の刻印の存在形態」に着目して、次のように整理した。贈与交換は負い目を持続させ、分配は負い目を曖昧なものにし、再分配は負い目を返済できない無限のものとして永続させ、そして市場交換では負い目を消去する。対等な主体どうしの贈与交換は、持続的な機械的連帯をつくり、中心と周辺の間の再分配は持続的な有機的連帯をつくる。そして遊動社会に特徴的

な分配はその場限りの機械的連帯、市場交換はその場限りの有機的連帯をつくる。(5)

市場交換と再分配の相補的な関係こそが、資本主義経済と近代国家の共犯関係である。これに対抗するオルタナティブとしては、贈与交換や「コミュニティ」が注目されがちである。だが、香港のタンザニア人たちの社会的な世界は、市場交換と分配との相補的関係で成立しているようにみえる。彼らのあいだで、贈与された人が贈与してくれた人に返済するという贈与交換の関係を維持するのは難しい――明日にはどちらかが帰国したり新天地へ移動するかもしれないし、不法滞在や不法労働の罪でお縄になってしまうかもしれない。輪郭を持った安定的なメンバーシップが築けず、権威を持つリーダー不在の彼らのあいだで、メンバーからの貢献を吸い上げ、適切な再分配を実行するのも難しい。適切な再分配を可能にするような機能はSNSにはない。彼らのやり方としては、原理的には、その時に偶々《たまたま》狩りに成功した者がその他の者たちへ肉を分配し、また別の日には別の偶々狩りに成功した者がその他の者へ肉を分配するという狩猟採集民のように、偶々取引を成立させた者、偶然に「ついで」の機会を得た者が、偶然に必要とする者の要望に応えていくことで、輪郭の曖昧なネットワークのなかでモノやサービス、チャンスを回していくものとなっている。

彼らのプラットフォームは、何度も述べるように、ICTやブロックチェーン、AIなどのテクノロジーの発展と共に期待されるシェアリング経済やフリー経済の思想とおそらくは親和的である。だが、彼らは、新しいビジネスのあり方を模索する過程で市場経済の論理にコミュニティを基盤とする「互酬」や「贈与交換」「シェア」の論理を組み込んでいき、ＩＣＴによって不特定多数のユーザーによる直接的な取引が実現することで、より開かれたものへと変化していったわけではない。順序はまったく逆である。

タンザニア人のプラットフォームはあくまで、厳密な互酬性を期待するのが難しい、不定形で異質性の高いメンバーシップにおいて、誰かに負い目を固着させることなく、気軽に無理なく支援しあうための試行錯誤をする過程で構築されたものであり、市場交換の論理がその上に乗っかっただけなのである。すなわち「閉じられた互酬性」を「開かれた互酬性」に、「贈与交換」を「分配」に調整していく過程で自生的に形成されたしくみが、後から市場交換にも活用されるようになったのである。

それゆえ「効率性」を追求して、彼らのプラットフォームを市場交換に適した形に洗練・制度化させていくことは、本来の目的であった「気前よく与える喜び」「仲間との共存」「遊び心やいたずら心」「独立自営の自由な精神」の価値より経済的価値を優先させていくという矛盾を生起させる。

親切にすることは他者への共感や仲間との共存のためであり、それが「商売」にもつながったら喜ばしいし、幸運なことである。しかし「商売」のために仲間を格付け・評価したり、仲間を増やす競争が目的になったりしたら、親切にすること自体が味気ないものになる。ネットサーフィンして仲間を笑わせることのできるコメディ動画を探すことや多くの仲間から称賛される自撮り動画を流すことは「遊び」「楽しみ」であり、ついでに「仕事」にも活用しているだけで、「仕事」のためにネットサーフィンしたり、自撮り動画を流すことになったら、せっかくの楽しみがつまらなくて面倒くさい時間になってしまう。

考えてみれば、「楽しくない」「面倒くさい」といったごく自然な実践的な感覚や、取引実績や能力で友人を格付けするのはおかしいといった平凡な公正さでもって、敢えて「カオス」であり続けることに、市場交換と贈与交換や分配の価値が逆転しない接続のしかたがあるように思う。

注

（1）例えば、レイチェル・ボッツマン、ルー・ロジャース『シェア――〈共有〉からビジネスを生みだす新戦略』小林弘人監修、関美和訳、NHK出版、二〇一〇年。松島聡『UXの時代――IoTとシェアリングは産業をどう変えるのか』英治出版、二〇一六年など。注（2）（3）も参照。また、シェアリング経済の議論は、認知資本主義をめぐる議論とも密接に関係している。認知資本主義に関しては、山本泰三他『認知資本主義――21世紀のポリティカル・エコノミー』ナカニシヤ出版、二〇一六年などを参照。

（2）ジェレミー・リフキン『限界費用ゼロ社会――〈モノのインターネット〉と共有型経済の台頭』柴田裕之訳、

ＮＨＫ出版、二〇一六年、二〇四頁。
（３）アルン・スンドララジャン『シェアリングエコノミー――Airbnb、Uber に続くユーザー主導の新ビジネスの全貌』門脇弘典訳、日経ＢＰ社、二〇一六年、一四―一五頁。
（４）前掲書、五一―五二頁。
（５）小田亮『構造人類学のフィールド』世界思想社、一九九四年、九七―九八頁。

第5章　裏切りと助けあいの間で

成功する者、転落する者

二〇一八年九月一三日、カラマがチョンキンマンションのいつものパキスタン料理店に居座って暇そうにネットサーフィンしていると、電話がかかってきた。彼は、番号を見て顔をしかめながら電話を受けると、「悪いなぁ。これから地下鉄に乗るところなんだ」と嘘をついて即座に切った。そして私に向かって、次のように語った。

「彼女は、かつては化粧品やウィッグなどを交易するために頻繁に香港に来ていた。だが資本を失って、かれこれ二年くらい香港に来ていないんだ。それでも彼女はずっと香港とタンザニアを往復しているふりをしているんだ。そのための口裏あわせを俺にさせているんだよ（一緒に香港にいるふりをさせている）。一度、完全に『オフライン』になってしまうと、戻ってくるのは大変なんだ。それはわかっているんだけど、俺も絵空事に加担するのは気が引けるし、もう一度香港に来たいと訴えられても、そんな人間は大量にいるんだよ」

カラマが語るように、彼女のようなタンザニア人は珍しくない。本章では、浮き沈みの激しい香港の市場でタンザニア人たちがどのような人生をつむいでいるのかを紹介しながら、中古車以外の仕事について開示したい。

ケータイ・ビジネスの成功者

シュワ（仮名）は、四八歳の男性で、非常に成功したケータイの交易人である。彼は、タンザニアのダルエスサラーム市の商業地区カリアコーの一等地に六階建ての大きなビルを二棟所有しており、自身の店やオフィス以外のスペースは数多くのテナントに貸している。彼には、三二歳の第一夫人と三五歳の第二夫人がおり、一八歳から二歳までの計九人の子どもがいる。シュワは「稼いでも稼いでも学費の支払いで消えていくんだ」とこぼしつつも、なんだか楽しそうな顔で家族の話をし、タンザニアに帰国する前日には、子どもたちのプレゼントを買いに香港の深水埗(Sham Shui Po) などの衣料品雑貨店を駆け回る。

彼は、カラマと同時期に香港にやってきたタンザニア人交易人の一人で、カラマが心を許している数少ない友人でもある。敬虔なイスラーム教徒であり、香港でも一日五回の礼拝を欠かさず、金曜日には必ず正装してモスクに行く。酒もタバコもやらず、香港の若いタンザニア人たちと騒ぐことも少ないが、穏やかで知的な雰囲気の彼は、「シュワ兄貴（ブラザー・シュワ）」と呼ばれて、多くの同胞から慕われている。

シュワは、比較的に裕福な家庭に生まれ、国立ダルエスサラーム大学で商学の学位を取得した後に、一九九八年にドゥバイで金（ゴールド）を買いつけることから商売を始めた。ビジネス開始時のシュワの資本は三〇〇〇米ドルであり、本当にわずかな金を仕入れ、タンザニアに戻ってから地元の職人に指輪やネックレスに加工させて販売していた。現在でもカリアコー地区の店でアクセサリーを販売しており、二〇一七年二月に彼と一緒に香港の路上を散歩した時にも、彼はふらっと雑貨店に入っていくと、かなり長い時間、興味ぶかそうに指輪のデザインを眺めていた。

彼がはじめて香港に渡航したのは、二〇〇三年のことだった。この頃からタンザニアでは、爆発的な勢いでケータイが普及しはじめ、シュワもケータイの輸入業に目をつけた。最初の頃、彼は香港を経由してすぐに中国の広州市へと向かい、安価なケータイを仕入れ、コンテナで母国へと輸出していた。また、二〇〇〇年代後半になると、中国はタンザニア人交易人にとってコピーケータイの産地になり、母国で売れ筋のケータイを持ち込み、「これと同じのを一〇〇〇ピース」といった形で中国系工場主に製造を依頼する交易人たちがたくさんいた。しかしシュワ自身は、十分な資本がなかったこともあり、中国の工場に大量にコピーを依頼する人々と競合しない中国のマイナーブランドのケータイを多様に商うことで、商売を軌道に乗せたという。彼はもっぱら、中国広州市のケータイ卸売店で、「××社の〇〇モデルを五〇〇ピース、××モデルを一〇〇ピース」といった形で仕入れていた。

中国でのビジネスには、とても苦労したと語る。広東語はいまでも少ししかわからないが、中国本土でもケータイ卸売商たちは簡単な英語を話すし、電卓を叩きあって値段交渉をするので言語が話せないこと自体はさほど問題ではなかった。困難を感じたのは、相場を理解し、ぼったくられたり騙されたりしないように注意することだった。

私は、シュワから懇意にしている中国系のケータイ商が数多くいるという話を聞いて、「そんなに多くの得意先があるなら、わざわざ中国に行かずにネットで取引したらいいのでは？」と尋ねたことがある。彼は、すぐさま「そんなことをしたら、大変なことになる」と語った。彼の説明では、まず他店がいくらで販売しているのかを把握し、その後に得意先の店に行って「角にある店では××モデルを〇〇元で、通りの反対側にある店では△△モデルを□□元で売っていた。でも俺は、つきあいの長い君とぜひとも取引したいんだ」などと具体的な証拠を提示しながら交渉することではじめて、中国人たちは安くしてくれるのだという。また、仲良くなっても購入した商品をその場で確認しないと、不良品や偽モノを混ぜられる可能性もあるという。

二〇〇七年頃になると、シュワはカラマたちと同様に中古車部品も扱うようになった。そして二〇一〇年代には、車の部品とあわせて、コンテナで二万五〇〇〇米ドルの価値のある商品を輸出して、母国で小売店に卸してまわり、三ヶ月程度で八〇〇〇米ドルから一万米ドルの純利益を手にできるまでになった。彼は当時、ビジネスが不調な時期で二週間に一度、好調な時期では月五回中国（香港）とタンザニアを往復していたため、一ヶ月あたりで五万米ドルから一二万五〇〇〇米ドルの商品を輸出し、三ヶ月サイクルでビジネスを回し、月あたり一万六〇〇〇米ドルから五万米ドルを稼いでいた。これに加えて、所有するビルのテナント料に、アクセサリーなどの販売といった数多くの副業からも相当の収入を得ている。私が「シュワは本当に金持ちだわ」と驚嘆すると、シュワに日本の大学教員の給与を尋ねられた。自身の月収を正直に答えたら「えっ、それだけ？」とぽかんとした顔をされ、以来、奢《おご》ってくれることが多くなった。

ただし毎週のように中国とタンザニアを往復するのは、渡航費がかかるだけでなく、体力的にも大変なようである。二〇一六年の初め頃から、シュワは中国とタンザニアを往復してケータイを輸出するのをやめ、中国本土には出かけず香港のみで商売をする「新しい方法」を見つけた。シュワは、「俺は（いまでは）一日一時間しか仕事しないよ」という。実際に観察していると、彼は礼拝のために朝早くに起きるが、礼拝が終わるとすぐに寝てしまい、また礼拝のために起き、寝ることを繰り返し、ビジネス活動をするのは夕方のひと時だけである。彼は、チョンキンマンションの一階と二階にあるケータイ卸売（小売）商で、毎月安価な「ガラパゴス・ケータイ」を一〇〇〇台程度、スマホを四〇〇台程度仕入れているという。これらを毎日、数十台ずつ仕入れるとしたら、たしかにチョンキンマンションのケータイ商を全部回っても仕入れにかかる時間は一日一時間ほどだ。

私は、シュワの話をカラマと一緒に聞いていたのだが、彼が羨ましくなって、カラマに「シュワが一日一時間しか仕事しないってさ」と振った。すると、カラマはにやりと笑って「仕入れに関してはそうだ。でも彼には、深夜の仕事があるからな」と意味深な返答をした。そこでシュワに「深夜に本当は何しているのか」と聞くと、慌てたように「あやしい仕事じゃないよ」と笑いながら、現在のビジネスのしくみを教えてくれた。

現在、彼が扱うメインの商材は、「整備済ケータイ（Refurbished cell phone）」である。実は、かつて中国や香港に渡航するケータイ交易人のあいだで人気を博していたNokiaやSamsung、iPhone等のコピー・ケータイの商売は、中国政府による取り締まりの強化や中国ブランド（XiaomiやHuawei等）ケータイの人気の高騰に加えて、タンザニアのモバイル通信規制局による「一掃作戦」によって非常に困難になった。

二〇一六年二月に、タンザニアのモバイル通信機政局は、正規の国際携帯識別番号（International Mobile Equipment Identity: IMEI）を持たないコピーケータイの強制的な通信停止を通告した[1]。通告どおり、コピー・ケータイの通信は同年六月一七日に停止され、通告から停止までの期間に頻発した一斉摘発で、中国からコピーケータイを輸入していた交易人の多くが商品を没収されたり、逮捕されたりしたという。

コピーケータイに代わって脚光を浴びたのが、シュワが扱う「整備済ケータイ」である。香港の整備済ケータイにはメーカーが不良品などを回収して改装・修繕したものと、インフォーマルな業者が中古品を集めて液晶画面やハウジング、電池などの部品を交換し、改装・修繕したもの（中古改装品）の二種類があるが、どちらもＩＭＥＩ番号が付与されている。当然、シュワが商うのは後者である。整備済ケータイは、安価であり、素人には新品にしかみえない。シュワはもちろんこれを「新品」としてタンザニアで販売している。

ただし、整備済ケータイを新品として売る際に、以前の使用者の履歴の消し忘れがあったりしたら大問題である。そのため、シュワは、深夜にその日に購入したケータイを一台一台確認して使用の痕跡を消去しているのだという。また中国では、中国政府によるネット検閲システム「グレートファイアーウォール（金盾）」によってGoogle等の海外のサイトを閲覧できない――海外サーバーを利用するＶＰＮ接続をすれば、別である――ため、海外輸出用ではなく中国本土の一般家庭から回収された中古品を基にした整備済ケータイ（特に中国ブランド）には、GoogleやFacebookなどがインストールされていなかったり、インストールされていても接続不良だったりすることもよくあるという。これらのケータイは、仕入れた卸売商に返品するために選り分けていく。

私は、中国本土でも整備済ケータイは販売されているし、本土で仕入れたほうが単価は安いのではないかと疑問に思い、チョンキンマンションで仕入れる理由についても尋ねてみた。シュワは、もし中国からコンテナでタンザニアに輸出するならば別だが、香港から輸出するならば、中国本土で仕入れないほうが良いと語った。国境のセキュリティ強化で受託荷物にバッテリーが入っていると荷物を受け付けてくれず、知らん顔して荷物を預けると勝手にバッテリーが抜かれたり、荷物自体が届かなかったりするという。では、なぜ中国からではなく、香港から輸出することにしたのだろうか。

現在、彼は、前章で説明したインフォーマルな送金業者を活用して、カリアコーの店を任せている弟や息子たちから、仕入れ経費として売り上げの一部を送金してもらい、シュワ自身はビザなし滞在期間をめいっぱい使って香港に滞在し、毎日のようにケータイを輸出しているという。たしかに香港とタンザニアを毎週のように往復するよりも楽であり渡航費もかからないので合理的だが、毎日輸出するというのは驚きである。私が「毎日って本当に毎日?」と確認すると、シュワは「正確には、ほぼ毎日」と涼しい顔で即答した。「DHL? EMS? でもそれだと高くつかない?」と不思議がる私に、彼は仕方ないなぁという顔で輸出の方法を説明してくれた。

簡単にいうと、それはタンザニアに帰国する交易人たちのスーツケースの空きスペースを購入したり彼らに手数料を払うことで、空港で待ち構えている彼の店の従業員に届けてもらうという方法である（荷物の重量一キロで一〇ドル以下）。いわゆる「担ぎ屋ビジネス」「スーツケース貿易」と呼ばれるものだ。空港で待ち構えている従業員には、あらかじめ預けた商品の情報と荷物を託した交易人の情報（パスポートのコピー等）を送っておき、商品を受け取ったらその場で台数を確認して交易人に手数料を支払うことになっている。

香港ビジネス（または香港経由の中国ビジネス）を軌道に乗せた交易人たちの中には、頻繁に香港とタンザニアを往復することで各航空会社の優待メンバーになっている者が多い。二〇一七年八月に私はタンザニアから帰国する際に飛行機に乗り合わせた交易人たちと仲良くなり、中継地ドゥバイでの乗り継ぎ時間に一杯やることにしたのだが、彼らは全員エミレーツ航空のゴールド会員で、私一人だけラウンジに入れなかった（行き先が同じ場合はゴールド会員一人につき一人を招待できるらしいのだが）。優待メンバーになれば、手荷物や受託荷物の制限重量も増える。この余った重量分だけケータイを託すのである。

「スーツケース貿易」自体は古くから存在するが、シュワの場合は、第2章で述べた「ついで」の助け合いから発展したものである。すでに述べたように、難民として認定されて香港で生活している者たちは、母国の家族や友人へのお土産をその時々で帰国する交易人に託して「ついで」に届けてもらっている。こうした助け合いでは金銭の授受は発生しないが、商売目的が明確な場合には金銭の授受が伴うこともある。

ただ、助けあいとビジネスの線引きはつねに曖昧なものである。カラマたちブローカーは日々交易人たちのアテンド業を行い、誰がいつ帰国するのかの情報を持っている。カラマたちは中国の広州市を拠点とするタンザニア組合とも連携しているので、中国で買いつけをして香港経由でタンザニアに戻る交易人たちの情報も持っている。ブローカーを介さずに商売する交易人も数多くいるが、そうした者たちも同胞のタンザニア人たちに一度は助けられたり、彼らと関わった経験がある。

カラマたちに親切な応対をされた客や、彼らに助けてもらったことがある者たちはスーツケースに余裕があれば、無料でも快く商品を運んでくれるし、交易人が無料で運ぶと申し出てもシュワ自身が手数料を自発的に払うこともある。万が一の持ち逃げリスクに備えて、普通は一人につき十数台程度しか渡さないのだが、運ぶ台数が多い場合は税関申告を行う必要があり、そのための現金を仕入れに関わる書類と共に渡すことになる。

このように仲間の商売に便乗して新しいしくみを考え出すのは、彼らの間ではごく一般的である。カラマもシュワのビジネスにちゃっかり便乗している。カラマはビジネスで儲かった時などにチョンキンマンションで数台のスマホを購入し、シュワの荷物に混ぜてタンザニアに輸出している。これらのケータイはシュワの店で販売してもらい、そして香港のビジネスが不調で妻に生活費を送れないときなどに、シュワの息子からカラマの妻へと電子マネーで送金してもらっているのである。

シュワのような成功者もチョンキンマンションには数多くいる。日本円に換算して数千万の年収を稼ぎだす者たち。もしかしたら億にも届いている者たち。だが、彼らは少なくとも見た目にはそれ以外のアフリカ人たちと区別はつかない。チョンキンマンションは国際的なインフォーマル・ビジネスの拠点であり、大金を稼ぐようになってもあえてチョンキンマンションの安宿暮らしを選択する者たちも大勢いるのだ。もちろんチョンキンマンションのタンザニア人の全てが順風満帆なわけではない。ひとたび成功をつかんでも転落するのはあっという間である。

「裏切られた」天然石輸入商

三九歳の男性ゴディ（仮名）は、タンザニアのムベヤ州で生まれ、現在はダルエスサラーム市に住んでいる。妻と小学生の息子が二人おり、筋骨隆々のいかつい体格をしているが、茶目っ気あふれる気さくな男性である。私が二〇一六年にチョンキンマンション脇の路地で出会ったときに、雑談のなかで私の指導する院生の一人がアフリカのジェンダー研究を志しており、特にシュガー・マミー（典型的には、性交渉等の見返りに若い男性に金品を与えたり生活支援したりする豊かな年配女性を指す）との交際関係に関心を持っているのだという話をした。その時にゴディは、「俺は、五〇歳でも六〇歳でもオッケーだ。まだ体力があるから女性を満足させられる自信がある。人種も国籍も問わないし、どんな見た目でも構わない。俺とつきあいたいという豊かな年配女性がいたら、ぜひ紹介してくれ」と語った。それ以来、彼は会うたびに「サヤカ、俺のシュガー・マミーは見つかったか？」と繰り返すようになった。当時、私は挨拶代わりのジョークだと思って笑って流していたのだが、二〇一七年八月に彼のライフヒストリーを聞いた後に、「パトロン女性を探してくれ」という言葉は本気だったのではないかと思いなおした。

ゴディは、香港に渡航する以前にはタンザニアで電化製品の修理や改造を仕事にしていた。彼は電機工学を四年学び、さらに電子機器の修理士になるための勉強を二年したが、母国では就職先を見つけることができなかった。そのため、個人経営の電化製品の修理工としてテレビやビデオデッキ等の修理をしたり、中古部品から音響機材を組み立ててディスコに販売したりしていた。その後、ＩＴ関連の専門学校に入りなおす。卒業後は、パソコンの修理をしたり、プログラムを英語バージョンに変えたりする仕事をはじめた。

二〇〇九年に、彼は一度の修理費の手取りは少ないものの、毎日安定的に稼げるスマホの修理業へとビジネスを鞍替えし、香港からスマホやスマホ部品を輸入する業者と知り合った。そして、これらの香港のスマホ輸入商の伝手《つて》で、二〇一〇年に香港に天然石を卸している企業の輸入商と親しくなった。天然石ビジネスが儲かることを理解した彼は、それまでのビジネスで獲得した資本をすべて投資して、二〇一一年にモロゴロ州やドドマ州、タンガ州から天然石を仕入れて、香港の業者に販売した。

二〇一二年、ゴディはタンザニアで天然石を仕入れた後にみずからも香港に渡航し、現地の業者に卸すことを決意した。チョンキンマンションでカラマたちに出会い、彼らからビジネスを学ぶことで、輸入した天然石をすべて卸すことに成功した。二〇一三年には、香港に二度、それぞれ二トンの天然石をタンザニアから輸入した。このときに輸入した天然石はいずれも予想以上に高値で販売でき、彼のビジネスは急成長した。タンザニアに凱旋したゴディは土地を買い、ダルエスサラーム市の住宅街に妻と息子たちのために立派な家も建設した。さらに念願だった中古車を二台購入することもできた。

二〇一四年五月には、友人とコンテナをシェアし、一七トンもの天然石を香港に輸出することになった。友人の買いつけた天然石が五トン、ゴディが買いつけた天然石が一二トンであり、ゴディは自分のほうが友人の天然石を一緒に輸入してあげているという気持ちでいた。ゴディは、天然石の買いつけに九万米ドルを投資した。この買いつけ経費の一部は、親戚からの借金や銀行からの融資で集めたもので、香港で天然石をさばいた売り上げで返済する予定であった。

ところがゴディは、友人に裏切られて一文無しになってしまう。彼の友人はゴディよりも一足先にこっそりと香港に渡航した。そして一七トンの天然石の売り上げである四五万米ドルを独り占めしてしまったのである。

ゴディは香港に到着した翌朝に港に向かって、すべての天然石がすでに友人に引き取られたと聞いて愕然とした。事態がよく飲み込めないまま、友人に連絡するも一向につかまらない。香港中のホテルを歩いて探し回ったが、どうやら友人はすでに取引を終えて出国したらしいという情報を得る。ようやく「裏切られた」と気づいた彼は、すぐに香港の警察に相談に行き、告訴を決意した。しかし、そこで知らされたことは、輸入等に関わる正式な書類はすべて友人一人の名前でサインされており、ゴディが購入した天然石が大部分を占めるという証拠はどこにもないという事実だった。応対した警察官は親切だったものの、事件として捜査したりはしてくれなかった。友人はこのときの儲けを最後に天然石ビジネスから足を洗ってケニアへと逃亡し、二度と香港に足を踏み入れていないという（現在も行方がわからない）。

結局、ゴディは失意のまま、わずか五〇米ドルだけを手にタンザニアへと帰国した。帰国後、彼は車二台と土地を売却し、天然石の買いつけの際の借金の返済に充てたが、返済額にはとうてい及ばなかった。借金取りに追われるようになったゴディは、妻と子どもを実家に帰した。そしてゴディ自身は、片道の渡航費をかき集めて香港へと逃げ帰ってきた。

香港に戻った彼は、カラマたちと同様の天然石のブローカーになった。二〇一六年に私と出会った時には、香港に渡航しない輸出商の代わりに天然石を現地の業者に卸したり、現地の天然石企業にアフリカ諸国の天然石輸出商を仲介する仕事をしていた。一回の仕事あたりの手数料は、三〇〇米ドルであった。

天然石の商売は香港の多くのタンザニア人たちが関わっているが、天然石の価格は安定せず、特に投機的な商売であるとされる。この商売で大金持ちになった者もいる一方で、失敗して借金まみれになり、香港で文字通り「難民」になる者もいる。天然石ブローカーであるスーディ（仮名）に連れられて香港の紅磡（Hung Hom）地区に立地する天然石会社を訪問し、取引の様子を参与観察したことをカラマたちに報告すると、「天然石のビジネスは本当に難しいから、素人が手

上：タンザニアから輸入された天然石
下：天然石の透明度を測る

を出すのはやめておけ」と多くのタンザニア人に忠告された。香港で取引されている天然石は、サファイアやルビーなどの「Precious stones」、アメジストやシトリンなどの「Semi-precious stones」、宝石ではない石類「Cheap stones」などに分かれるが、大きさや色の濃淡・透明度、産地などによって同じ種類の石でも値段は大きく変化する。例えば、単価二米ドル／キロの安い天然石を五トン（一万米ドル）仕入れ、香港で五米ドル／キロ（二万五〇〇〇米ドル／五トン）で売れたら、一度の輸入で一万五〇〇〇米ドルの儲けを得られるが、同じ種類の原石でより色が濃く大きさが均一なものを持ち込んだ輸入商が他にいたりすると五米ドル／キロで売れないどころか、買いつけ経費や香港の渡航費・滞在費を引くと赤字になる価格でしか売れないこともままある。

折りしも香港の天然石市場は、ゴディが香港に亡命した二〇一五年ごろから悪化し始め、多くの天然石輸入商は資本を失ったとされる。さらに間が悪いことに、二〇一七年頃から政府によるタンザナイトをはじめとする天然石の輸出規制が強化されていった。

二〇一七年、ゴディは天然石のビジネスに見切りをつけ、香港で偶然に知り合った中国系木材業者によるザンビアでの木材探しのアテンド業をするため、香港を出国する。中国系木材業者は手数料をはずんでくれたが、残りの借金の返済で消えてしまい、ふたたび香港に戻ってくる額には届かなかった。

現在ゴディは、タンザニアに居住し、かつてと同じく電化製品の修理業を細々と続けている。

二〇一四年の事件以来、妻との関係はぎくしゃくしてはいるが、彼女は子どもとともにゴディのもとに戻ってきていた。彼は、自宅の居間で騙された時の書類を見せながら、「あいつが俺の人生を狂わせた。あの事件がなかったら、俺は今頃はるか先を歩いていただろう」と悔し涙を流した。彼は最後に次のように語った。

「俺には家族を幸せにする責任がある。自分にできる仕事であるならば、何だってする。掃除夫や荷下ろしの日雇いでも、犯罪じゃなければ仕事は一切選ばない。俺は絶対に誰も騙さない。騙される痛みは俺が一番良く知っている。だからもしも香港や日本で仕事があったら、どうか俺を一番に思い出してほしい。俺は、家財道具一式すべて売り払って何が何でも渡航する。もちろんシュガー・マミーを見つけた時も、最初に俺に紹介してくれ。俺はまだ（香港ネットワークで）オンラインなんだ」

ゴディ以外の生活史にも仲間に裏切られたという話は頻繁に出てくる。また彼らが裏切られて被ったと語る損失も決して少なくない。「海賊版ＤＶＤを大量に仕入れて母国に帰って確認したら、すべて空ＣＤだった」「六台分の中古車の代金を支払ったブローカーが行方をくらませた」等々。他者は簡単に信頼できないことを理解しても、それでも誰かを信じることに賭けてみることでしか商売は切り拓けない。そして人生の落とし穴は裏切り以外にも、無数にある。

「収監された」衣類の交易人

マバヤ（四四歳）は、第2章でも登場したが、私と出会った二〇一七年一月に人生最大のピンチを迎えていた。当時の彼がおかれた状況がそうさせたのかもしれないのだが、マバヤは口数が少なく、もの静かな男性だった。チョンキンマンションのパキスタン料理店でカラマたちとだべっている時にも微笑んで聞き役に徹しているだけだったが、カラマたちがスラングで盛り上がり始めると、私の耳元に顔を近づけて内緒話をする音量で正規のスワヒリ語に通訳してくれた——彼には言えなかったが、タンザニアの路上で商売しながらスワヒリ語を学んだ私はスラングのほうが断然に得意なのだ——。

マバヤは、タンザニア北西部のマラ州の州都ムソマ市出身である。彼の兄は、同市で革靴や靴の材料となる皮革を商う店を構えており、マバヤも高校を卒業してから兄の店を手伝っていた。兄が急逝したので、大人になったマバヤが店を引き継ぐことになった。彼は、ナイロビに革靴を買いつけに行くようになり、仕入れを通じてナイロビ市の商店街に「兄の知り合いではない」友人が数多くできた。

そのうちの一人のケニア人と意気投合し、二〇〇二年にナイロビ市において電化製品店を共同経営することになった。この時の開店資金の大部分は、マバヤが父から相続した牛を売却してこしらえたが、ワーキングパーミットの関係で店の名義は、ケニア人の友人となっていた。

マバヤが仕入れ担当となり、アラブ首長国連邦のドゥバイへと電化製品を買いつけにでかけた。彼はドゥバイとケニアを七年間、頻繁に往復した後、ドゥバイの電化製品の多くは中国や香港からの輸入品であることに気づく。それなら直接、香港や中国に渡航したら、もっと安く買えるのではないかと考えたマバヤは、共同経営者の友人と相談して二〇〇九年に香港・中国への渡航を決意する。

香港では、深水埗（Sham Shui Po）の電化製品街で中古家電を購入し、コンテナでケニアのモンバサ港に向けて輸出していた。ビジネスは順調であったが、しばらくして共同経営者のケニア人がマバヤの長期不在中に、ナイロビの店舗の商品と売り上げを横領していることに気づく。友人を問い詰めた結果、横領を認めたため、売り上げを折半して彼とのビジネスをやめた。

その後にマバヤは、ナイロビ市からタンザニアの首座都市ダルエスサラーム市に引っ越し、同市で衣料品店を開く。運営資金が少なくなったので、電化製品よりも単価の安い衣料品を商うことにしたのである。ただし、香港からの衣料品の輸入は競争相手が多く、また流行を追い続けるのも難しく、結局多くの在庫を抱えることになった。

再起を決意したマバヤは、二〇一一年ごろから新しいビジネスチャンスを探しにタイ、インドネシア、シンガポールを放浪した。マバヤは、タイがもっとも生活環境が良かったと語る。タイ人はみな親切で、バンコクで販売されていた衣料品は、中国のものより質が良かった。マバヤは、現地の工場主にサンプルとして衣料品を持ち込み、同様のものを五〇〇枚、一〇〇〇枚単位で注文したりしていた。しかし次第に東南アジア諸国にもタンザニア人交易人が数多く買いつけにやってくるようになった。

マバヤは二〇一六年八月にふたたび香港に渡航し、電化製品など他の商材を扱うビジネスへの転換を模索することとした。ところが、一一月にオーバーステイで逮捕され、香港の刑務所に収監されてしまう。すでに述べたように、タンザニア人は香港に三ヶ月間ビザなしで滞在できるが、マバヤは中国にいったん出て、香港に再入域を果たすことでこの期間を延長しようと試みた。一〇月に広州市に出かけ、深圳（Shen Zen）経由で香港に再入域しようと試みたところ、長期滞在目的がばれて入域できなかった。何度かトライして香港に入域を果たしたものの、一一月にマバヤはオーバーステイで逮捕されることとなったのだ。

私が彼と出会った二〇一六年一月末、彼はまさに刑務所から出てきたばかりだった。チョンキンマンションの安宿の宿泊料は彼から連絡を受けた仲間がキャンセルするまでの数日間、滞納状態となっており、彼の衣服等の荷物はその支払いを終えるまで返却してもらえないことになった。

文字通りの無一文になったマバヤは、ペットボトルの水を購入するお金すらなかった。彼はカラマたちに支援を求めた。カラマは彼を自分の部屋に泊め、カンパを集めて衣服などの荷物を取り戻してあげたが、当時の彼は、第2章で説明した通り、その日たまたま懐に余裕のあるタンザニア人を見つけ、昼食や夕食を奢ってもらうのを待つ苦難の生活を送っていた。タンザニアに残してきた妻と二人の子どもの生活や店の経営などの心配をしながら、彼は一日でも早く母国へと帰りつくことを願っていた。

二週間ほどして彼は、一〇〇香港ドルの激安ケータイを購入し、タンザニアの家族と連絡を取りながら帰国のための費用を集めはじめた。運の良いことに、帰りの航空チケットは三五〇米ドルの変更手数料を払えば、使えることがわかった。マバヤが収監されていた三ヶ月の間に家族の生活も逼迫していたが、彼が無事に帰国するのはそれから三ヶ月後の四月初旬になった。現在、彼は母国で、中国・香港で培った経験を生かして中国系を中心に外国人のアテンド業をしながら、香港へとふたたび舞い戻る資金を貯めている。

マバヤのように収監されても生きぬき、母国に帰りつくことができるのは仲間がいるからである。だが、「困ったことがあったら仲間を頼る」というのは、独立独歩の精神が高い彼らにとって、「自力で生きる」こととのバランスの上で模索されている。逆に言えば、彼らは基本的に「自力で生きている」からこそ、本当に困った時には助けあうという関係が成り立つ。ただこのバランスはとても難しい。

仲間と生きることと独立独歩で生きることのはざまで

第3章に登場したショマリ（現在三三歳）は、私が二〇一六年一〇月に出会った当初は、ドレッドヘアにストリート系ファッションでスタイリッシュに決めた若者だった。二〇一七年に再会したら、ドレッドをやめて短く刈り込み、服装も地味になっていた。「もしかして、警察に捕まった？」と失礼なことを尋ねてみたら、「ドレッドにしていると警官が寄って来るので捕まる前にやめてやった。それに地味な格好しているだけで、中国系のビジネスマンは簡単に俺を信頼する。見た目で判断するのはくだらないことだ」と不敵に笑った。

ちなみに当時、香港タンザニア人の間でよく知られていた「ショマリ」は二人いて、アルコール依存症で二〇一七年に亡くなったチョンキンマンションの料理人ショマリは一六〇センチメートル前後の小柄な男性だが仲間内では「ショマリ・スーパートール」と呼ばれ、これから紹介する、天然石ブローカーのショマリは一八五センチメートル以上の背丈のある男性だが「ショマリ・スーパーショート」と呼ばれていた。彼らはジョークが好きなのだ。

ショマリは、正直な物言いをする人物であり、私の言動に対する突っ込みも相当に手厳しいのだが、物知りであり、他のタンザニア人が話しにくそうにすることも「事実を言って何が悪い」といった態度で淡々と語るので、私にとってはカラマの次に頼りにしているインフォーマント（情報提供者）である。初めて会った時に、彼は「俺は、さそり座で寅年だ」と自己紹介した。「干支なんてよく知っているね」と驚くと、「天然石（パワーストーン）のブローカーとして働いているうちに中国人から教えてもらった。お前たちアジア人は自分の生まれた年が寅なのか鼠なのかを気にしているんだろう」と、ふふんっと鼻で笑われた。

　彼はダルエスサラーム出身で、初等教育卒業後は、路上商人をしていた。だが、その時に稼いだ資金は一緒に働いていた路上商人に持ち逃げされた。その後に同市の商業地区カリアコーの商店で、これぞという衣類を仕入れ、別の友人と郊外の小売店で販売するようになった。彼がしばらく店を留守にすると、売れる服を探せない友人は店をつぶしかけたりした。友人は何から何までショマリを頼り切っていたが、彼の弟が店の売り上げを盗み、ショマリに濡れ衣を着せた時に、弟の言い分を信じてショマリを店から追い出してしまった。その後に誤解が解け、ショマリがいなくなってうまく稼げなくなった友人に、「弟は勘当したから、もういちど一緒にやろう」と言われ頭を下げられたが、ショマリは何度も裏切られた経験から誰かと一緒に商売をすることが嫌になっていた。

　若い頃のショマリは自身の目利きやセンスに自信を持っていた。二〇一一年に中国からの輸入ビジネスで成功した先陣を追いかけるように、資本を貯めて広州へと渡り、中国の市場でこれぞという衣類を探し、母国に輸出する仕事を始めることを決意した。

だが、中国市場は甘くなかった。小学校卒業後に働き始めた彼は、広州に到着した当初は英語がまったく話せず、広州の卸売りモールには膨大な種類の商品が溢れかえり何を仕入れたらよいのか途方にくれた。これは売れるかもしれないと思う衣類を見つけても中国人とうまく交渉することもできないし、ただふつうに暮らしていくこと自体が困難の連続だった。広州にもタンザニア人はいたが、母国で何度も裏切りに遭ったショマリはタンザニア人を頼ることに躊躇した。そして、あっという間に資本を食いつぶし、一〇〇元すらないという事態に陥った。精根尽き果てて路肩で頭を抱えていると、通りすがりのタンザニア人オマリ（仮名）に声をかけられた。事情を説明すると、「どうしてお前はもっと早くに俺たちを頼らなかったのだ」と呆れられた。オマリは親切にいろいろと商売を教えてくれたが、ショマリが中国の滞在ビザが切れそうであることを伝えると、「中国でオーバーステイはヤバいから、一刻も早く香港に出ろ。どうせ捕まるなら、香港の刑務所のほうがまだましだ」と忠告し、香港までの交通費を援助してくれた。

ショマリは香港に向かったが、入境審査で再びピンチに直面する。不法就労をしないかどうかを確認するため、審査官から「ショーマネー」の提示を求められたのである。カラマも同じ方法で切り抜けたが、中国で物流会社を経営するオマリはこの事態を事前に予想していたようで、彼は香港の業者と取引したレシートの写真をショマリの携帯に転送してくれていた。それを思い出したショマリは、レシートの写真を見せ、これから輸出手続きに行くのだと説明し、無事に入境を果たした。

香港でも道に迷ってしまった。K11というショッピングモールの前の道でうろうろしていると、親切な香港女性がケータイを貸してくれた。オマリに電話をかけ、ようやくチョンキンマンションにたどり着いた。そこでもショマリは同ビルの玄関でタンザニア人が通りかかるのを何時間も待つことになった。オマリがカンパしてくれたのは交通費だけだったので、彼にはチョンキンマンションの部屋を借りる金がなかったのだ。その時に偶然に声をかけてくれたのが第2章で登場したジョセフだった。彼はショマリの事情を理解すると、宿泊していた部屋に連れて行き、一年あまりに渡る長い間、衣食住の面倒をみてくれた。それからショマリは二年半あまりして、ようやく天然石のブローカー業で商売を軌道に乗せた。

ただ、ショマリは独立独歩の精神が高く、彼自身はオマリやジョセフがしてくれたように困っている仲間に手を差し伸べることを厭わないのだが、誰かに助けてもらうことは好きではないようだ。ショマリの人生は浮き沈みが激しい。彼は、フェリー乗り場で何日も水しか飲まずに野宿をしたこともあったと語る。危うく死にかけたが、通りすがりのナイジェリア人がカラマたちに連絡し、気づいたら病院にいたそうだ。四年前にはオーバーステイで逮捕されて、一ヶ月と一五日間収監された。ある日、警官に職務質問されたので、これまでかと観念して素直にパスポートを渡した。ショマリが落ち着いた態度だったせいか、警官はぱらぱらと適当にページをめくり、パスポートを返してきた。ショマリは、「おい、ちゃんとみてくれ。既に期限は過ぎているだろう」と警官に自己申告した。警官は笑いながら「普通は隠そうとするのに、お前、どうしたんだ」と尋ねた。ショマリは「期限が過ぎたと気づいてから、毎日あんたたちをみると不安な気分に苛まれた。身体は自由でも、心はまったく自由じゃなかった。これで不安から解放されるのだから、さっさと捕まえてくれ」と答えたそうだ。

それでもショマリは香港での七年あまりの暮らしで、英語も生きていく術も学んだ。彼は、湾仔（Wan Chai）のクラブで当時セックスワーカーをしていたインドネシア人女性をナンパし、彼女との間に子どもをもうけた。二〇一七年に性格の不一致から離婚したというが、二〇一八年に元妻がオーバーステイと違法売春の罪状で収監されると、子どもを引き取り、シングルファザーとなった。

彼はもともとチョンキンマンションでは暮らさず、郊外に部屋を借りて一人で住んでいたが、息子を引き取った後は、外国人が多くて環境が良いからという理由で、街中に出てくるのに船を乗り継いで一時間もかかるランタオ島のかなり奥地に安いアパートを借りた。英語ができずに苦労した経験から、息子の教育は英語ひとつでするると固く決心しており、家庭内の言語は英語のみで、息子をインターナショナルスクールに通わせている。彼は現在、朝ご飯を作って子どもに食べさせ、学校に送り届けた後に船を乗り継いで天然石のブローカー業をし、夕飯を作って食べさせ、英語の宿題をみたりしながら忙しく暮らしている。

彼になぜタンザニア人たちと群れないのかと聞いた。ショマリは「飽きた。パーティだとかなんだとか娯楽につきあうのは時間の無駄だし、毎日同じような顔ぶれでいたら噂話をするくらいしかやることがなくなる。本当に困った時に助けあう。チャンスがあったら協力しあう。それ以外に群れる必要がどこにあるんだ。彼らを頼りすぎたら、自力で生きる知恵を見失い、最後は呆けてしまう。ここ一年ほど俺は（子育てに忙しく）チョンキンに出かけていないから、どうせみんなは俺が捕まったと噂しているさ」とやはり淡々とした表情で説明した。

ショマリは、「俺たちは夢を食って生きている」と口癖のように言う。私が二〇一六年に彼に出会った当初は、改造車の写真を見せながら、車のカスタマイズ機材を仕入れて、母国で工場を開くのが夢だと語っていた。二〇一八年三月に彼と話した時には、タンザニアの天然石の採石場で撮影した写真を見せながら、「ほとんどの仕事はアナログ（手仕事）だ」と嘆き、キャタピラー（油圧ショベル）を輸出するのが夢だと語っていた。また、彼はタンザニアには宝石に加工する技術がないために原石のまま輸出しているが、彼らは自分たちが輸出している天然石がどれほどの価値を持つのかを知らないことを説明し、それこそがタンザニアが貧困である理由だと指摘した。

そしてキャタピラーを輸出して稼いだら、次には母国で原石を加工する工場を開くのが夢だとも語った。

「この世界で大金持ちになるには、三種類の商売しかいない。一つ目は石油、二つ目は麻薬、そして三つ目が宝石だ。俺は宝石でのし上ると決めた。叶わない夢だと思うか？　だが、夢を失ったら人生はそこで終わるんだ。夢を食っていられるうちは、しぶとく生きてやるさ」

注

（1）この告知の顚末については、以下を参照。https://synodos.jp/international/17513

第6章

愛と友情の秘訣は「金儲け」

本章では、「愛」と「金儲け」という普通は対立しそうな概念がセットになった、彼らの社会的世界に光をあてる。前半では、表稼業と裏稼業がどのようにリンクしながら、香港のタンザニア人たちの社会的世界を築いているかを紹介する。前章で紹介したマバヤやショマリのように彼らが香港で直面する危機のひとつは、滞在と労働をめぐる資格の問題である。「難民」としての認定も完璧ではなく、二ヶ月おきに更新をしなくてはならず、不法就労をしていることがばれると逮捕されたり、取り消されることもある。こうした不安定な在留資格を解決する方法のひとつは、現地女性との結婚である。後半では、カラマがなぜ帰国しないのかという問いをもとにして、彼らが「商売」を通じて築いている人間関係について述べたい。

「ペーパー・ワイフ」と「ペーパー・ハズバンド」

カラマに限らず、香港在住のタンザニア人男性には、複数の恋人や妻がいる者が多くいる。その背景のひとつには、彼らの多くがダルエスサラーム市やザンジバル島などを出身とするイスラーム教徒であり、複数の妻を持つことが宗教的に認められていること、アフリカ諸国では一夫多妻制が文化的に広く許容されていることが挙げられる。香港の交易人やブローカーたちは前章で紹介したシュワのような成功者からマバヤのような困窮者まで多様ではあるが、母国の平均的な男性に比べると豊かであり、本人の希望だけでなく、社会的にも複数の女性を扶養することが期待されている——家族や親族からもう一人妻をもらうように薦められたり、女性自身が豊かな男性の第二夫人になることを希望したりするのだ。

もうひとつの重要な背景は、上述したとおり、香港・中国のアフリカ系男性の中には、香港人や中国人女性との結婚を通じて、香港・中国の在留資格を得ることを企図している者が多いからである。現地女性と結婚すれば、香港や中国で店を開いたり、会社を興したりして、母国の友人や親戚を合法的に呼び寄せることができる。妻や妻の親族を貿易パートナーにして自身は母国で商売する選択肢もある。そうした「利益」が期待できなくても、マバヤのような事態に陥ることを心配しなくて済むし、妻に日々の生活支援をしてもらうこともできる。

実際、彼らは、レストランやホテルで働く女性から仕入れ先の商店の娘まで積極的に現地女性を口説いており、香港の繁華街に毎晩のようにナンパに繰り出していく。婚姻に至るか否かは別として、ナンパの成功率は悪くない。彼らの多くは少なくとも口説いている最中は気前がよく物腰がソフトで、多様な人生経験を生かしたウィットにあふれる会話で楽しませてくれる——彼ら自身が誇らしげに語るように身体的な魅力もあるのかもしれない。

私が知り合った香港在住のタンザニア人にも、中国系の女性と結婚したり、子どもをもうけた者が複数いる。ただし、中国系の妻とは別に母国に正式に結婚した妻がいる者も、少なからず存在する。どちらの女性にも他に妻がいることを告白し、平等に扶養している者（中国にも回族などイスラーム教徒の女性がいるので、そのような相手と結婚したり、また結婚にあたり女性がイスラーム教に改宗する場合もある）もいれば、中国系の妻には母国の妻がいることを内緒にしている者もいる。あるタンザニア人の男性は、共同経営者の香港人の妻に黙って流通会社の利益の大半を母国の家庭に送金していると語った。もちろん恋に落ちて愛しあって結婚した者も数多くいるが、香港や中国で在留資格を得ることを目的とした便宜的な結婚も同じくらい多々ある。そのような相手を「ペーパー・ワイフ」「ペーパー・ハズバンド」と彼らは呼ぶ。

カラマたちは日常的にペーパー・ワイフの話題で盛り上がり、私に「香港のアフリカ人とセックスしてはだめだよ。子どもさえできたら、こっちのものだと思っている野郎ばっかりだからな」と忠告する。私が忠告を聞き流すと、「ペーパー・ワイフには年齢も見た目も関係ないぜ」と何気に失礼な台詞をさらっと言われる。

ただし、現地の女性たちが常にアフリカ系の男性に騙されているとは限らない。中国出身の貧しい女性が豊かなアフリカ系男性に「契約結婚」を持ちかけることもある。チョンキンマンションのいつものパキスタン料理店で雑談していると、顔なじみのアリが、仲間のオミー（仮名）の中国出身の妻をいかに嫌っているかについて話はじめた。アリたちは、彼女がオミーと結婚したのは生活（カネ）のためであり、アフリカ系の彼らを見下していると主張する。彼女は結婚してから数年経過するのに故郷の親族にオミーを紹介したことがなく、タンザニア人たちの集まりにも来たことがないそうだ。それどころかアリたちが彼女と道ですれ違った時などに英語や中国語で挨拶しても、無視されるという。二人は別居しており愛情もないそうだが、オミーは香港に滞在し続けるために離婚をしたがらず、それを知っている妻は無心の電話を頻繁にかけてくる――拒否すると「離婚だ」と脅されるらしい――。

中国系の女性はアフリカ系に差別感情をもっていると主張する者たちは、口説くなら他のアジア系女性だと語る。カラマやショマリの他にも香港に出稼ぎにきたインドネシア人女性と結婚しているタンザニア人は複数いる。彼女たちの中にはセックスワーカーもいるが、多くは香港の家庭で家政婦として働いたり、レストランの料理人やホテルの清掃業者として働いている。タンザニア香港組合の現組合長のイッサもインドネシア人の女性と結婚し女児をもうけている。イッサが借りている2LDKのアパートは錦田（Kam Tin）にあり、同地で買いつける中古車ブローカーに間借りさせたり、交易人を泊めたりしている。タンザニア料理を作ってもてなしてくれるイッサの妻は多くのタンザニア人たちから慕われているが、イッサにも母国に妻と子どもたちがいる。

ただし以上で述べた「外国人女性」との婚姻は人生設計のひとつであるが、容易には実現しない。より身近な「便宜的」恋愛や結婚の相手としては、香港で売春をして稼いでいる同胞の女性たちのほうが重要だ。これまでにも触れたように、彼女たちは、ペーパー・ワイフではなく、「シュガー・マミー」「スポンサー」と呼ばれ、彼女たちに支援されている男性は「キベンテン」と呼ばれる。彼らの関係性を述べる前に、香港在住のタンザニア人女性が主な仕事場とする香港のナイトライフについて説明したい。

香港のナイトライフ

カラマたちの昼夜逆転生活は部分的には、彼らがビデオコールしたりＳＮＳをしたりする家族や友人、多くの顧客のいるタンザニアとのあいだに、時差が五時間あることに起因する。香港の深夜一時から四時は、母国の人々が仕事を終えてくつろぐ夜九時から〇時にあたるのだ。だが部分的には、香港のアフリカ人たちのもうひとつの仕事が、香港島の不夜城ともいえる中環(Central)や湾仔(Wan Chai)の夜の街を舞台にしているからでもある。

私も時々、カラマたちと一緒に中環や湾仔に出かける。香港の金融街・オフィス街でもある中環は、ビジネスマンや観光客、最先端の若者たちが楽しめる「垢抜けた」「クール」な雰囲気のクラブやバーが多いのに対して、湾仔は、フィリピン人歌手が洋楽のライブ演奏をするクラブやトップレスバーなど「何だか懐かしい」「アットホーム」な雰囲気の遊び場が多い。タンザニア人たちは、純粋に遊びに行くならば、湾仔のほうが圧倒的に好きなようだ。若いタンザニア人たちは中環にも湾仔にも「いつものたまり場」がある。ウィークエンドは飲みに行くという者たちは、節約のために、まずは近くのコンビニエンスストアでビールやウィスキーを購入し、ある程度酔っぱらった後に、クラブやバーに行って朝方まで楽しみ、チョンキンマンションに帰って来る。

中環の駅を降りて坂道を北上すると、バーやクラブが立ち並ぶ、蘭桂坊(Lan Kwai Fong)に出る。二〇一八年九月のある日、私はカラマに誘われて蘭桂坊に繰り出した。カラマは、馴染みのバーでいかつい体型のナイジェリア人のガードマンの男性と親しげに挨拶し、通路にはみ出した喫煙席に案内してもらう——香港では屋内での喫煙は基本的に禁止されている——。彼は着席するや否や自撮り動画を撮影しはじめ、私は暇をもてあましながら、道行く人々を眺める。上機嫌で歌を歌いながら歩いていく若者の群れや、道端にしゃがみこんでビールを飲んでいる観光客たち、せかせかと歩くビジネスマンに、肩を抱いて歩く恋人たち。その合間をセクシーな装いの多様な人種・国籍の女性たちが闊歩する。警官が来ると、女性たちはさっと路地裏に引っ込んだり、誰かと待ち合わせをしているふりをする。香港には、個人の売春を取り締まる法律はなく、「141」（通称「ピンポンマンション」）などの有名な風俗もあるが、組織的な売春や客引きは禁止されている。

路上の人間観察にも飽きた頃、カラマが「ほらあそこ、ファトゥマ（仮名）たちがハンティングの最中だ」と教えてくれる。きょろきょろとあたりを見渡す私に、カラマは「彼女たちの化粧スキルといったら、素顔をみたら裸足で逃げ出すくらいの完璧さだ」と笑いながら言い、彼女たちの名前を大声で呼ぶ。地下にあるクラブの入り口付近に立っていたファトゥマとシャロン（仮名）とソフィア（仮名）の三人が手を振り返してくれる。彼女たちは、クラブの入場料や酒代を自腹で払うことはせず、路上で客を待ち構える。カラマは「こっちへ来い」と手招きしたが、彼女たちはそれを無視して反対方向へと駆け出していった。

カラマは「彼女たちはいまドルしか見えていない」とニヤニヤしながら、「ほら、狩りが始まった」と合図する。三人は、クラブから出てきた白人の中年男性に声をかけていた。だが、その男性は、離れて立っていたアフリカ系女性に「ハイ、ベイビー」と一声かけ、肩を抱き寄せて近くに止まっていたタクシーに連れ込んだ。カラマは、「あちゃー失敗した。三人もいると警戒されるんだ。狩りは一人でやらなきゃ」と訳知り顔で解説する。

カラマと一緒に中環や湾仔に出かけると、アフリカ系女性に頻繁に声をかけられる。一度、彼に「カラマは彼女たちを買わないの？」と聞いたことがある。カラマは「あっはっはっはっ」と大きな声で笑った後に「金なんて払わなくても寄ってくるのに、わざわざ買うやつがいるか。俺は彼女たちをここに連れてきたヤクザなんだぜ」と言った。一瞬、カラマったら女衒《ぜげん》もしていたのかと驚いたが、それは勘違いだったようで、彼は単にチョンキンマンションに「売春」目的でやってきた女性たちを中環や湾仔まで道案内したり、香港での生活の相談に乗ってあげたりしているとのことだ。

確かに彼女たちの中には、カラマを見つけると「ババ（パパ）」と呼びながら嬉しそうに駆け寄ってきて、「ちょっと聞いてよ」と身の上話や困りごとの相談をはじめる者がいる。カラマは、「この子は俺の一番のお気に入りのベイビーだ。美人だろう」と毎回ちがう女性たちを同じ表現で紹介する。相談内容は、不愉快な顧客の話から彼氏や夫との関係、他の売春婦との仲違い、家族との不和、警察や入国管理局とのトラブルまでいろいろだが、「レディ・ボス」との関係についての悩みを語る女性が多い。

元々は交易人だったり交易人の恋人や妻として香港に来たりした女性などもいるが、第2章でも触れた通り、香港で売春をして富を得た女性＝レディ・ボスが母国の女性にチケット代や当座の生活費、衣装代などを貸し与えて呼び寄せるチェーン・マイグレーションでやってきた者が多い。たいていは母国でも売春やそれに近い仕事をしており、友人女性に香港に誘われたり、突然に金回りのよくなった知人女性を羨ましく思ったといった理由で本人が希望してやって来る。ただ「借金＋α」を返済するまでの生活は大変であり、完済するまでパスポートを取り上げられるケースもある。この日、湾仔で出会ったケニア人女性は、一万五〇〇〇米ドルを支払うまでパスポートを返してもらえないが、商売がうまくいかずレディ・ボスへの返済が滞っており、昼間にできるような副業がないかとカラマに相談していた。

彼女たちによると、アフリカ系セックスワーカーの主たるターゲットは、三つに大別される。最も良い客は、三つ星以上のホテルに宿泊している豊かな白人観光客や商談等で訪れた白人のビジネスマンである。彼らは豪勢に奢《おご》ってくれたり、プレゼントを買ってくれたりし、後腐れもない。話がまとまると彼らが宿泊しているホテルに同行して商売をするが、性行為を望まず、ただ一緒に朝まで飲んだり踊ったりすることを求められることもある。

次に望ましい客は、香港支社に駐在したり、現地で会社を経営したりしている豊かな白人ビジネスマンである。妻がいたり会社の同僚の目を気にしたりする者が多いために彼らの自宅には行かず、時間制でホテルの部屋を取る。常連客になる者もいるが、特殊なプレイを要求されることもあるという。

最後に、中東系などの他の外国人である。ファトゥマたちは「私たちは人種を選ばない」と語るが、白人以外の客には「さっさと行為してさっさと帰る」タイプが多く、一緒に酒を飲んだり贈り物をくれたりという客は少ないという。中東系の男性はアフリカ系女性を見下しがちであり、ぞんざいな扱いを受けることもあるらしい。また中国系の男性はアフリカ系を好まないようで、彼女たちも客にならないと諦めている。

ただ、セックスワーカーたちが最初のタイプの白人客を好む理由は、他にもある。香港に限ったことでもアフリカ系に限ったことでもないが、セックスワーカーの中には強盗を働く者もおり、彼女たちにとって隙だらけで金を盗っても足がつきにくい観光客は良いカモだからである。詳しくは書けないが、彼女たちと遊ぶためにATMでお金を引き落とす姿や食事等の支払いの様子がいつの間にか近くで張っている仲間にスマホで撮影され、ホテルで寝ている間に恐ろしい額が引き落とされていたり、金券などの購入に使われたりしていることもある。女性たちが盗んだカードの引き落としや、時計やパソコンなどの現金化には、彼女たちのパートナーである男性たちも暗躍する。

香港の夜の街では、男性たちも多様なチャンスを狙っている。クラブやバーには、ガードマンや黒服として働く者や遊びにきた者たちのほかに、白人観光客相手に性的なサービスをしてお金を稼ぐアフリカ系男性たち、ドラッグの売買や詐欺、スリを生業にしている者たちも混じっている。ウェッソ（仮名）は、警官に職質されたとしても、ドレッドは「飯の種」なので絶対に切らないと断言する。ドレッドにしていると、夜の街で小遣いをくれる白人女性に声をかけられやすいからと。彼らにも昼間は、交易やブローカー業などの表稼業がある。

二〇一八年三月に院生を伴って香港調査した際にも、アフリカ系の女性たちに話を聞きたいという院生の希望で、カラマとともに湾仔の繁華街に出かけた。途中のコンビニで飲み物を買っていると、チョンキンマンションでたまに見かけるタンザニア人男性たちに遭遇した。彼らに挨拶をして、近くの路上でビールを飲みながら、これからどこに行くかを相談していると、突然カラマが院生（女性）を抱き寄せた。驚いて「ちょっと、私の学生に何するのよ」と文句を言うと、彼は小声で「あっちを見ろ」と目配せした。彼の視線を追ったが、その時には何を指しているのかがわからなかった。

カラマがむすっとした声で「もう行くぞ」と告げて歩き出したので、先ほどの不審な行動は何だったのかと尋ねると、「なんだ、見ていなかったのか」とため息をつかれた。「怖がらせてしまうから、学生には言うなよ」と釘を刺しつつ（速攻で院生にばらしたが）、先ほど挨拶した男性たちがナンパする振りをして白人女性のハンドバックから財布を抜き取っていたことを教えてくれた。カラマは、私の院生が少し離れた所に立っていたので自身の連れであることをアピールして、スリのターゲットから外そうと試みたようだ。カラマは「あいつらはショーを台無しにした（俺の連れの前で良いイメージを壊した）」と憤慨しながら、「みんながこうじゃない。ごく一部の人間が人生に焦っているんだ」と念を押した。

シュガー・マミーとキベンテン

強盗やスリを働くかどうかは別として、売春を生業とするアフリカ系女性たちには、ケータイ交易人のシュワに匹敵するほどの稼ぎを得ている者が大勢いる。カラマは、「白人たちは酔っ払うと正気を失う（*wamepotea akili*）」と言うが、酔った勢いで一万香港ドル（約一二七五米ドル）もの大金を彼女たちに渡す者も少なくないらしい。彼女たちは売春で得た稼ぎを、男性ブローカーと同様に、中古車や家電製品、化粧品、アクセサリー等の輸出業や母国での事業に投資し、さらに増やしていく。

前述したファトゥマは四〇代半ばの女性であり（化粧をすると三〇代前半にみえる）、香港での売春で稼ぎ出した利益で、母国に豪邸を三軒建て、トラック二台とバス三台を走らせ、雑貨店と家電製品店を開店させている。三〇代前半のシャロンも豪邸二軒を所有し、一万一〇〇〇香港ドル（約一四〇〇米ドル）のブランド靴を履いており、まだ二〇代半ばのソフィアも、毎日、フェイシャル・エステに通えるほどの稼ぎを得ている。かつて彼女たちのレディ・ボスだった女性は現在では、タンザニア、ケニア、ウガンダの各主要都市に支店をもつ化粧品会社の社長として、母国では誰もが知っている有名人となっている。

実のところ、香港に来た直後やビジネスに失敗して不安定な状態に置かれた男性ブローカーたちの生活を支えているのは彼女たちセックスワーカーである。男性ブローカーたちは「彼女たちは、俺たちの数倍は稼いでいる」と語るし、タンザニア香港組合主催のパーティの大半も彼女たちによる出資で開催されている。二〇一八年九月にカラマは、タンザニア女性が誕生日に香港湾のディナークルーズを計画していると語った。誕生日を迎える彼女自身が、一人当たりクルーズ代六〇〇香港ドル（約七六米ドル）、飲食費二〇〇〇香港ドル（約二五五米ドル）のチケットつきの招待状を一〇人の男性に贈ったそうだ――希望者が多いので二〇人に増やす可能性もあるという。贈られた男性は全員白いスーツを着てパーティに花を添えることになっており、カラマは「俺も選ばれたぜ」と浮かれていた。

また彼女たちは、特定のタンザニア人男性（＝キベンテン）のシュガー・マミー／スポンサーとして、彼らがＴＲＵＳＴをはじめとするＳＮＳで喧伝する自撮り写真で着用したブランド品を買い与えたり、ビジネスの資本を出資／補塡したり、日々の生活費を支援してもいる。

シュガー・マミーとキベンテンの関係性を描写するのは難しい。第1章に登場したレナードは、「自分の彼女が売春するのをどうしたら許せるのか。僕にはぜんぜん分からないよ。それとも彼らが彼女たちを働かせている元締めなのか」と不思議がっていたが、彼らの関係は「女性を風俗で働かせて物理的・精神的な暴力を使ってカネを巻きあげる」タイプのヒモ男性とヒモつき女性の関係とは異なる。

彼らの関係性は、金品と性行為の交換を目的とする「援助交際」にも、恋人や夫婦にも、ビジネスパートナーにも、さらには助けあう家族のようにもみえる、曖昧なものである。小田英里はガーナを事例として、シュガー・マミーよりも研究が蓄積されているシュガー・ダディ（年配のパトロン男性）と若い女性との交際関係に関する論文を公刊している。(1) 彼女の整理によれば、アフリカ諸国におけるシュガー・ダディと若年女性との交際（その行為自体は一般的に「トランザクショナルセックス」と呼ばれる）は、結婚へと至る可能性がある恋愛関係と、実利的な性行為と金品との交換関係の連続線上のどこかに位置づくものであり、婚前交渉の性行為には金品の交換が伴うべきとする文化的理解の中で西欧的な売春と区別され、多くの場合、道徳的に認められているという。(2) アフリカ諸国では、シュガー・マミーと若い男性との交際関係は、シュガー・ダディと若い女性との関係よりも社会的に認められにくいものであるようだが、それでもパトロン女性と男性との関係も同じく、実利的な性行為と金品の交換と結婚に至りうる恋愛関係の連続体のあいだに位置づけられ、関係を紡いでいく過程で偶発的にそのどちらかの極に振れていくものだと思われる。

ファトゥマは、七歳年下のザビール（仮名）とチョンキンマンション近くにアパートを借りて「難民」として暮らしている。二人は「ご飯を食べに来い」とよく誘ってくれる。彼らのアパートを訪ねると、その日うまく稼げなかった男性たちが食事にありつくために集まっている。

彼女たちは、名目上は「故郷の料理を懐かしむ会」を催すということにしつつ、ある種の生存保障の仕組みを担っている――実際にはチャーハンや焼きそばも出てくる。マバヤもチョンキンマンションのレストランで誰にも会えなかった時には、ファトゥマたちセックスワーカーのなかの誰かの家に駆け込んでいた。また衣服の修繕や病気の看病を頼んだり子どもを預けたりと、多くの男性たちは母親や妻のように彼女たちを頼ってもいた。こうしたサービスに金銭が支払われることはなく、ファトゥマたちが男性の手を必要とする事態――輸出品の運搬など――に活躍するといった緩やかな互酬性で動いている。

彼女と暮らすザビールはいつも強烈な香水の匂いを漂わせている、中性的な雰囲気の男性である。彼はダルエスサラーム市出身であり、中等教育終了後は白人観光客に性的サービス込みのガイドをする「ビーチボーイ」をしていた。当時から海外への憧れが強く、白人女性から貢いでもらった費用でドゥバイに渡り、数年間、電化製品等のブローカー業をした後に香港にやってきた。昼間はカラマと同じく交易人のアテンドをしたり、中古車や電化製品の輸出業をしている。ファトゥマともども裏稼業の噂は多いが、詮索しないことにしている。

二〇一七年二月にダルエスサラーム市のシンザ地区にある実家に訪問した際、彼の母親は、ザビールがいかに孝行息子であるかを滔々《とうとう》と語った。母と姉と従弟と従妹、ザビールの二人の娘が暮らす彼の実家は、同月に訪問した他の香港在住のタンザニア人たちの実家と比べてずいぶんと庶民的であったが、ザビールが贈った電化製品であふれていた。

父親は彼がまだ小さい頃に亡くなっており、母親によると、彼はドゥバイで商売をしていた頃から姉や従弟・従妹たちの学費を送金し、彼らが成長すると美容院や雑貨店の開店資金を送金し、家族の生活を一人で背負ってきた。いまはファトゥマとの間に生まれた子どもをイギリスの学校に入れるため、学費を稼いでいるという。母国の銀行には、帰国後に店を開く資金として五万米ドル以上の貯金がある。母親は、ザビールはお人好しで、すでに三万米ドル以上を友人たちに騙し取られており、香港で悪い人々に騙されないかをいつも心配していると語っていた。

当時、ファトゥマはしばしばカラマにザビールと別れたいと相談していたが、ザビールは「正式に結婚しようと思っている」と語ったり「結婚式には日本から駆けつけてくれるか」と私に尋ねたりしていた。心のうちはわからない。ただ当時の彼は不眠を訴えて家に引きこもっており、仕事をほとんどしていなかった。騙されてこしらえた借金はファトゥマに返済してもらった。アパートの賃貸料も同胞男性に毎日ご馳走する費用もファトゥマの稼ぎで賄われており、ザビールがファトゥマと別れるのは実質的に困難にみえた。

シャロンにもキベンテンがいた。二〇一六年一二月、路地でカラマたちと雑談していると、突然、高級ブランドの鞄を大事そうに抱えた女性に「ねえ、リップクリームを持っていたら貸して」とスワヒリ語で声をかけられた。リップクリームを渡しながら「素敵な鞄だね」と褒めると、彼女はボーイフレンドに買ってもらったと説明した。値段を聞いて仰天し、「彼氏はお金持ちだねぇ。私はそんなに高価な物をもらったことはないわ」と漏らすと、シャロンは「じゃあ、私が何か買ってあげる」とこともなげに言った。何が欲しいのかと尋ねる彼女に面食らって「高価なプレゼントはもらえない」と断ると、「それなら、ご飯を奢ってあげる」と言うので鶏肉料理を食べに出かけた。そこで彼女のいうボーイフレンドは白人の顧客で、「彼氏」は私が先ほどまで雑談していた天然石ブローカーのブラウン（仮名）とわかり、私は複雑な気持ちになった。

彼女と出かける少し前、私はブラウンから交際している三人の女性の話を聞いていた。彼は、一人目をスペイン人の「スポンサー」、二人目をタンザニア人の「スポンサー」と呼び、三人目のケニアに居住する女性だけを「妻」だと語った。そして妻との間に生まれたばかりの女の子の写真を見せながら、「子どもの顔をみるとどんな困難があっても気力が沸いてくる」とはにかんでいた。また別の日に彼はタンザニア人の彼女が嫉妬ぶかく、「妻に子どもが生まれてから、ますます神経質になった。ちょっと前までは子猫だったのが、いまはジャガーだ」と嘆きながら、彼女に引っかかれたという傷を見せ、「あいつとはそろそろ別れようと思う」と語った。その彼女＝スポンサーこそ、シャロンだったのだ。

ブラウンはもともと衣類の交易をするために中国に渡航し、資本を失った後に香港で天然石のブローカー業を始めたが、常々衣類の交易を再開したいと語る。「目を肥やすため」「研究のため」と言って頻繁にブランド品店に出かけ、「俺自身が流行の最先端にいないと顧客がつかない」と語りながら、服を新調する。だが、それらの高価なスニーカーや衣類は二人のスポンサーに買い与えられたものだ。

二〇一八年九月にシャロンからブラウンとは別れ、新しい彼氏ができたと聞いた。カラマはシャロンの新しい恋人もキベンテンと呼んだ。彼女たちは、「男たちは勝手だ。成功したら、その成功が誰のおかげかをすっかり忘れ、より良い女を手に入れようとする」という。だが、彼女たちも常にペーパー・ハズバンドを含めてより良い男を探している。そして彼女たちを必要とする男はいつもいる。カラマたちは「女たちは、成功するのを待てずに良い男を取り逃がす」という。そうやって香港では、浮き沈みの激しい昼間の仕事と危うい夜の仕事がともにまわっていく。

いつでも帰れるから、帰れない

じつは本書の元となった連載を開始した当初の計画では、最後は「チョンキンマンションのボス、母国に帰還する」という話で終えるつもりだった。というのも、カラマは、私と出会ってからこれまで幾度となく帰国の計画を話し、実際に帰国に備えた様々な工夫もしていたからだ。だが結局、二〇一六年一〇月に出会ってから二年半を経過した現在でも、彼は香港に滞在しており、いまだ帰国する気配はない。そこで急遽、「チョンキンマンションのボスが帰国しないわけ」について考察しようと思う。それを通じて、稼ぐことが、彼らの人生における他者とともにある喜びといかに不可分かについて考えてみたい。

二〇一八年二月のある日、いつものようにチョンキンマンション前の横断歩道を渡った先にある灰皿の前でカラマと一緒にアテンドする交易人を待っていた。カラマが朝からため息ばかりついているので、何かあったのかと尋ねると、彼は、YouTubeに投稿されたタンザニアの報道番組の映像に友人が映りこんでいたという。カラマによると、その番組では、ダルエスサラーム市の中心街で道行く人々に新政権に関する意見をインタビューする映像を流していた。彼がインタビューに応じた人の話に聞き入っていると、すぐ傍をみすぼらしい格好をした一人の男性が不自然な歩き方で通り過ぎた。その男性がカメラに気づいて顔を向けた瞬間、カラマは彼が学生時代の親友であることに気づいた。そして元親友が野次馬たちに押されてよろよろと道端に倒れ込んだのをみて、涙があふれてきたのだという。

「一五年以上も会っていないから、何度も何度も映像を見返したんだ。でもあれは、確かに友人だったんだ」。カラマはそう悲しげに語った後、映像で見た友人の歩き方を実演してみせ、「こんなふうに脳卒中か何かの後遺症で麻痺が残っても、香港や日本の最先端の医療を受けたら治るものなのか」と私に尋ねた。私は「残念だけど、専門家じゃないのでわからないよ」と答えたが、カラマは、友人が香港で難民認定を受けて適切な治療をしたら治るという期待を抱いていたようだ。それから数日間、カラマは母国の人々に電話をかけたりSNSで情報を募ったりして友人を探していたが、めぼしい情報は得られなかった。しばらくして、カラマは「帰国したら、最初に彼を探すよ」と宣言し、それきり、彼の話をしなくなった。その代わり、帰国の計画について話す時間が増えた。

香港のタンザニア人たちに「あなたは、いつ帰国するのか」と尋ねると、たいてい「まだまだ先だよ」「いまはまだ何も考えていない」という言葉が返ってくる。ただ、そのように語る人々も様々な事情で帰国を切望することがある。手酷い裏切りに遭ったり、自身や大切な人が病を患ったり、年老いた両親の介護が必要になったり、親戚から母国に戻って結婚しろと迫られたりといった事態は、香港のタンザニア人にとっても重要な岐路となる。

彼らの旅立ちはいつも唐突である。数ヶ月ぶりに香港に出かけ、知人の動向を尋ねたら、「ああ、彼なら先月帰国してタンザニアで結婚したんだよ」と告げられたこともある――最後に会った時には「俺が帰国するのは（緊縮経済を推し進めている）マグフリ政権が終わった後かな。いま帰っても良いことなんて何にもないさ」と語っていたのに。他方で「香港にはもう飽きた」「俺はもうすぐ帰国する」と語った人が、ちっとも動きはじめないことも非常に多い。彼らはいつでも帰国を頭の片隅に入れながら日々の暮らしのなかで準備しているので、その気になれば、いつでも帰国できるし、だからこそ何らかの「きっかけ」がなければ、動かないようにもみえる。

香港での生活に埋め込まれた母国への投資

「俺は、（二〇一七年）四月に帰国する」「いまの予定では（二〇一八年）五月に帰国する」「今度こそ本当だ。（二〇一八年）一〇月にはタンザニアにいる」と語りながら、一向に行動に移さないカラマの様子を見て、私は何が彼の帰国を阻む問題なのかを考え、そのつど疑問に思ったことを彼に尋ねてきた。

二〇一六年一二月にはじめて帰国の意思を聞いた時に私が抱いた疑問は、帰国後の生計手段についてであった。彼のように難民認定を受けて香港に長期滞在している者たちは、認定を取り消さないとパスポートを取り戻すことはできない。母国に帰ってから香港に戻ってきた場合、ふたたび難民認定を受けるのは容易ではないだろう。そうなったら、いまと同じスタイルでブローカー業を続けることはできないし、難民認定を受けた経緯や理由によっては、再入国・再入域自体が困難なケースもある。二〇〇〇年代半ばから後半にかけての時期と比べて稼げなくなったとはいえ、母国で現在の稼ぎ口と同じくらいの利益を得られる仕事はあるのだろうか、後悔しないだろうか、それとも「隠居」してこれまでの稼ぎで暮らすのだろうか、と当時の私は勝手な心配をしていた。

ただ、それが杞憂であることは、すぐに理解した。これまでにも触れたが、香港のタンザニア人たちは日々の稼ぎを母国の様々な事業に投資しながら暮らしている。基本的に銀行もタンザニアシリングも信頼していない彼らの中には、貯金は一円もないと豪語する者も少なからずいるが、母国の事業に投資をしていない者は一人もいない。中古車輸出業をしている者たちは自身のビジネス用にも中古車を輸出し、妻や親族をビジネスパートナーにして、母国で運転手を雇ってシティ・バスやタクシーを走らせている。多様な営業形態があるが、たいていは運転手たちに、一日または一週間あたりの一定額を車両利用料としてビジネスパートナーに届けさせる方式を採っており、走らせている台数が多ければ、かなりの稼ぎになる。またトラックを輸出して運送会社を経営したり、ランドクルーザーを輸出して旅行会社を経営することもある。親族に中古車部品の販売店や自動車修理店を経営させている者もいる。

そもそも毎日のように交易人をアテンドし、彼らが成功したり失敗したりするのを目撃し――「すぐに戻ってきたら、稼げたということだ」と彼らは言う――、交易人たちのビジネスの相談に親身に乗っていれば、いまどんな商売が儲かるか、それにはどんなリスクがあり、何に気をつけるべきかなどがおのずとわかってくる。稼げる商売がわかり、その時に資本があれば、自らも売れ筋商品を仕入れて輸出し、妻や親族に商売させてみるのは、商人としてごく自然な行動である。彼らは、電化製品店や雑貨店などの既に母国で広く行われている商売だけでなく、香港や中国にあって母国にはない商売、例えば、ケーキの材料店やガーデニング専門店などの新規のビジネスにも挑戦している。

カラマは、以前にも触れたが、香港で得た稼ぎで広大な農地を購入したほか、ダルエスサラーム市に四棟のアパートを建築し、さらに故郷チャリンゼの幹線道路沿いのガソリンスタンドの横にミニスーパーを建設中である。ただし、これらの事業は当初から計画していたわけではないようだ。

錦田（Kam Tin）地区の中古車集積地を一緒に歩いていた時に、カラマは突然に「ちょっと待っていて」と告げて、ビルの解体現場に入っていった。戻ってきたカラマは、私に次のように説明した。

「俺は、こんなふうに中古車を探すついでに鉄筋や建材を集めたんだ。（パキスタン系中古車業者の）モハメド兄弟に多様な建材を預かってもらい、アテンドした交易人のコンテナに隙間がある時にちょうどいいサイズの建材をついでに（無料で）運んでもらっていた。二〇〇八年頃から少しずつ輸出しているうちに、かなりの量の建材が（故郷に）溜まった。ただしコンテナの隙間に合わせたから（形状的に詰め込みやすい）鉄筋ばっかりになった。それで、これは（鉄筋を多用する）ビルを建てるしかないなと思ったんだ。（手に入れた郊外の土地では）ホテルを建てても集客できるかわからなかったから、いざとなったらコンドミニアム型のホテルに転用しようとアパートを建てることにしたんだ」

このように彼らは、日々の交易人のアテンドやちょっとした好機を捉えて、母国で様々な事業を展開している。何度も言うように、「ついで」にいかに便乗するかが大事なのだ。香港の仲間との関係は維持されるので、帰国後は母国のブローカーや輸入商としてＴＲＵＳＴをはじめとするＳＮＳを通じた取引に参入することも可能だ。第３章で述べたようにパキスタン系中古車業者の中には、アフリカ諸国に支店を開く者もいるので、彼らとのネットワークを生かして商売することもできるだろう。さらにカラマたちはInstagarm等で膨大な数のフォロワーを持っており、広告塔やインフルエンサーとして稼ぐこともできるかもしれない。少なくともカラマに関しては、帰国しても中流以上の暮らしは容易に実現できそうである。

それでは、なぜ帰国しないのだろうか。私が「カラマが帰国したら、みんな寂しがるんじゃない」と軽口をたたくと、彼は「そりゃそうだよ。全員に引き止められるさ。特に女の子たちに泣きながら『行かないで』と言われたら、困っちまうよ。だからその時が来たら、誰にも告げずにこっそり出国するしかない」といたずらっぽく笑う。

たしかに香港に後ろ髪引かれる人間関係はあるだろう。ただし、香港のタンザニア人たちの多くは、ひとたび帰国しても母国に長居するつもりはなく、香港に戻ってくる前提で帰国を語る。カラマは、「俺はもう半分アジア人なんだよ。だからタンザニアに帰っても一ヶ月が限界だ。すぐに退屈して香港に戻ってくる。あるいはサヤカが俺を必要とするなら、サヤカが住んでいる京都に行くよ」とどこまで本気なのかわからない顔をして語る――ある日突然に「サヤカ、関西空港に着いたぜ」という電話がかかってきたら、その時に考えよう。

再入国の可否については何度も確かめたが、カラマはいつも「俺のケースは大丈夫だ。万が一だめな場合でもパスポートを別の名前で取り直せば、問題ない」と涼しい顔で答える。私のタンザニアの友人には、高校の入学試験を友人に代理受験してもらったことをきっかけに名前を変えてしまった者もいるし、タンザニアでパスポートを取り直すのは可能かもしれないとも思う――現在では、出入国の際に指紋認証や顔認証が導入されており、空港でお縄になるかもしれないが。

ともかく再び香港に戻って来られると考えているなら、なぜ帰らないのかという疑問はますます深まる。私が辿り着いた暫定的な結論は、どのように母国に帰るのか、そしてどのように香港に戻ってくるかが重要なのだろうというものだった。そして、その望ましい形は、カラマ自身の意思によってだけでは実現しないようだ。

求められてはじめて決断する日が来たら

私はタンザニアに調査に出かけた際には、ザビールだけでなく、カラマの妻を含めて香港のタンザニア人たちの家族に会いに出かけている。そして、ザビールの母と同じように、彼らの家族や親族、友人たち、隣人たちから、香港で苦労している彼らを頼りにし、誇りにし、「凱旋」を待ちわびているという話を聞いた。「商売」のためにSNSで羽振りのよさを喧伝していることもあって、香港のタンザニア人の多くは、実態はどうであれ、母国の人々には海外でぼろ儲けしていると思われている。これらの故郷の人々の期待を背負うことは、なかなかハードな事態である。

序章で私は、カラマが洗濯をしないという話を書いた。私は長いあいだ、カラマが着なくなった衣類を無造作に放り込んでいたビニール袋を「ゴミ」だと思い込んでいたが、ある日、取引先の中古家電業者の倉庫で見覚えのあるビニール袋を発見して勘違いに気づいた。カラマは「俺は母国の人々にとってはスターなんだよ」と苦笑いしながら、これらのビニール袋のいくつかは、故郷の親戚や村人に配る「贈り物」として家電製品を輸出するコンテナの隙間に詰めるために取り置いてあるのだと語った。また、羽振りのよさを喧伝するためにSNSに投稿した自撮り写真や動画を見た人々が「欲しい」と言った衣類は、商品（古着）として輸出し、転売して利益に変える。洗濯代が無駄だし、洗濯して万が一ダメージが生じたら元も子もないというのが、カラマの言い分であった。

私はこの説明を聞いた時には、彼が骨の髄まで商売人であることに心から感嘆した。この方法を採用すれば、日々の洗濯代を節約し、故郷の人々からの評判を獲得し、転売して得た利益で毎日のように新しい高価な衣類を購入してファッションを楽しみ、格好をつけた自撮り写真を投稿することで、TRUSTにおいて「彼は羽振りが良いらしい」という評判を獲得し、ますます衣類を売りやすくなるという合理的なサイクルができているからだ。そして、これもシェアリング経済の一つの形だ。カラマは言う。

「俺は、香港に来てから一度も服を捨てたことはない。俺がアウトレット店で拾い出してきた服は、古くても売れ残りでも本物のブランド品だ。タンザニアに送れば、感謝する人々がたくさんいる。俺は、帰国する時には手ぶらで帰るよ。もしいままで一度も贈り物をしてこなかったら、コンテナ一台分の土産が必要になるだろうよ。どんなに大量に持ち帰っても必ず土産の取り合いになる。だから『俺は手ぶらで帰る』と宣言して、帰る前から土産を贈っていたんだ」

カラマは着古した衣類だけでなく、贈り物を購入してもいる。広州市に三度目に出かけた際に、カラマに「広州から持って帰ってきて欲しいものがある」と頼まれた。以前に出かけた際には「誰の荷物も運ぶな」と忠告し、私が自主的に購入した土産を誰かに頼まれた荷物と勘違いして騒動を起こしたくせに自分の荷物は運ばせるのかと呆れつつ、「何を持ち帰ってほしいのか」と聞くと、子供たちへのプレゼントだという。香港よりも衣類雑貨の安い広州で、友人に頼んで買ってもらった物があり、代金はすでに支払い済みだと説明された。私は数枚の衣類くらいならお安い御用だと考えて了承し、念のため大きなスーツケースを持って出かけた。

だが広州市で受け取った荷物をみて、安請け合いを後悔した。大小さまざまなリュックサックが三〇個、スニーカーや子供服、文房具、玩具などが詰め込まれた三五リットルのビニール袋が六つ。私は、親亀の上に子亀を乗せる方式で大きなリュックに小さなリュック重ねてまとめ、持ってきた自分の衣類を重ね着してスーツケースを空にして小物類を詰め、さらにスーツケースより大きなビニール製の梱包袋を購入して残りのリュックと衣類を詰め込んだ。そして達磨のように着膨れした格好で巨大なリュックを背負い、片手でスーツケースを引いて、もう片方の手で重すぎて持ち上げられないビニール袋をずるずると引きずりながら、香港に戻ってきた。

チョンキンマンションの玄関に到着した私は、疲労困憊だった。完全にキレていたので「頼まれた荷物が重すぎて、もう一歩も動けない。今すぐに迎えに来い」と不機嫌な声でカラマを呼び出した。カラマはシュワを伴って珍しく駆けつけてきた。さっそく「こんなに大量の荷物だなんて聞いていない。これは女一人に運ばせる量じゃない。そもそもこれって商品でしょう。子供への贈り物じゃないじゃん。嘘つき」と不満をぶちまけると、おろおろするカラマに代わって、私の荷物を軽々と担いだシュワが「まあまあ、落ち着いて」と穏やかに説明をはじめた。

シュワによると、カラマは故郷のチャリンゼの子供たちの教育支援をしており、荷物はカラマ自身の子供たちへの贈り物ではなく、村の子供たちへの贈り物であったようだ。シュワに「村の子供たちは大喜びだよ。嘘じゃないよ。いつか連れて行ってあげるから」と宥《なだ》められて、私はようやく冷静になり、いつも話半分に聞いていたカラマの「プロジェクト」の数々を思い出した。

思い起こせば、カラマは出会った当初から教育の大切さを頻繁に語っていた。アジアで暮らして母国との教育格差に気づいたことが大きいようだ。ある時には「サヤカ、このチョンキンマンションで大学や専門学校で商学を学んだ人が何人いると思うか」と質問し、仲間の名前を一人ひとり挙げていき、「ほら誰もいない」と嘆いた。別の時には、タンザニア香港組合の現組合長イッサと一緒に「日本とタンザニアの経済の違いについて講義してくれ」と私の力量にあまる依頼をしに来た。タンザニアから大統領秘書を務めている政府高官や教育省の役人が訪ねてきた時にも、農業開発や教育支援などのプロジェクトについて熱く語っていた。カラマは思いつきのようなアイデアを次々と語るし、相手の話に合わせてころころと夢を変えるので、私はこうしたプロジェクトにどれほど真剣なのかを図りかねていた。

だが、彼の凱旋を待ちわび、彼を通じて何らかのチャンスをつかみたいと期待する故郷の人々のために何かしたいと考えていることは事実であり、おそらく誰かに「ぜひやろう」と求められ、それが無理なく実現できるチャンスだと踏んだら、その時こそカラマの帰還なのだ。

カラマから「一ヶ月足らずで香港に戻ってくる」と聞いたとき、私は「ムリ、ムリ。知り合いに挨拶して回るだけでも一ヶ月はかかるでしょ。それでしばらく家族と暮らしたら離れたくなくなって、また空港で泣くくせに」とちゃかしたのだが、「俺は挨拶しに行くわけじゃない。やることをやったら戻ってくる」と真剣な顔をして反論された。

彼らは、インフォーマルかフォーマルかということや、規模の大小に関わらず、起業家であり投資家であり商売人である。それゆえ「純粋な慈善活動」はしないし、いつも利益とあわせて現実的なビジネスを模索する。例えば、現在は、ダルエスサラーム市の自宅のすぐ近くで、香港の湾仔にあるクラブ名を冠したバーを開店させている元香港・中国ブローカーのジョセフは、巨大スクリーンにプロジェクターでサッカー中継を映して客を集めたり、香港のクラブの内装を真似したりしてバーの収益増加を目指しながら、同時に「プロジェクト」の可能性も探っている。神奈川県で購入したという自慢のトヨタ・プラドでドライブしていると、「このあたりは急激に発展した地域で、まだ病院も診療所もないんだ。ここに病院を誘致したら住民たちは助かるし、病院経営もぜったいに儲かるよ。NGOでも企業でも興味がある知り合いがいたら、俺が仲介役をするって伝えてくれ。手数料はそんなにぼらないからさ」とまるできれいな景色を説明するように提案した。

挨拶しに帰るわけではないというカラマの意図は、せっかく故郷に帰るならば、香港の経験があるからこそできることで、香港からの遠隔指示ではできないことを「ついでに」やり遂げないと意味がないということだろう。なぜなら、繰り返すが、彼らは商売人であり、「商機なし」にはたとえ故郷だろうとどこにも行かないからだ。

金儲けと人生の楽しみ

広州市で美容院を経営する傍ら、ハードウェアの輸出業やその他諸々の仕事をして莫大な利益を得ているチェスター（仮名）という男性がいる。仲間の誕生日には、広州にあるボンゴ・ラウンジというアフリカレストラン兼バーを借り切って、アルコールのカートンを通路にあふれ出るくらいに積み上げて、一晩で数千米ドルを使い果たす。チェスターは若い頃にドゥバイに渡り、文字通りのハスラーをしながら、「やんちゃな」若者として名を馳せ、中国で事業を展開して成功した。

二〇一七年に短期で広州に出かけた時に、チェスターがブラジル料理を奢ってくれるというので、宿泊していたホテルの前で待ち合わせをした。一時間以上も遅れてきた彼から「俺はカラマたち以上に昼夜逆転の生活をしており、いままで寝ていたのだ」という開き直った弁解を聞いていると、一人の男性が無心にやってきた。チェスターは「俺は昨日、これから君には一日一〇〇元（約一四米ドル）しか渡さないと言ったはずだ。今日の一〇〇元は、朝に渡しただろう」と断った。男性は「二〇〇元とは言わない。せめて一五〇元ないと暮らせない。何とか助けてくれよ」と食い下がったが、チェスターは「（五〇～六〇元する）タンザニア料理を食べるのをやめたら足りるはずだ。その辺のローカルな定食屋でなら、二〇元で腹いっぱい食える」と諭して追い返した。

男性が立ち去ると、チェスターは「彼はアルコール依存症なんだ。俺は、彼が何をしているのかも何歳くらいなのかもどんな名前で呼ばれているのかも何も知らない。ただ、たくさん渡せば、（酒代に消えて）俺が彼の寿命を削ることになることは知っている」と説明した。私が「知り合いじゃないの？　それなのに毎日一〇〇元ずつ渡しているの？」と驚くと、「依存症だと気づく前は、毎日二〇〇元渡していた」と淡々と返答する。さらに驚いた顔をすると、「サヤカ、知り合いじゃないから、金を渡しているんだ。知り合いなら、一日中俺の監視下に置いて面倒をみるさ」と残念でならないという顔をした。

チェスターは、妻と一緒にたまに香港に遊びに来る。彼は早くに結婚したが、最初の妻は彼がドゥバイで苦労している時に地元の富裕男性と浮気した。荒れた彼を慰めたのが、隣の家に住んでいた現在の妻であった。チェスターは成功してから、地元に豪邸を建設した。元妻は、チェスターが大富豪になったことを知り、現在の妻に対する嫉妬のあまり精神を病んでしまったそうである。現在の妻は、腕に夫の名前のタトゥーを刻み、どこへでもついて行く。

香港に遊びに来たチェスター夫妻が宿泊するのは、チョンキンマンションの並びにあるホリディ・イン・香港（ツインルームで約一八〇〜二五〇米ドル）だ。カラマは、チェスターから訪問の連絡を受けるといつも小躍りしそうなくらいに喜ぶ。彼は、中国でカラマのために仕立てたスーツを何着も土産に持ってくる。そして毎晩のように大勢の同胞たちを引き連れて食事に出かけ、大盤振る舞いをする。二〇一八年二月にも豪勢な晩餐が続き、チェスターはどれだけ金が有り余っているのだろうと驚嘆していた。ところが、しばらくして私は、夫妻がホリディ・インを引き払い、チョンキンマンションと同じような安宿が入るミラドールマンションへ引越しする姿を目撃した。

声をかけると、チェスターは「しまった」という表情をした後、「内緒だぞ」と苦笑いしながら、「じつは金が足りなくなりそうなんだ」と告白した。私が「そりゃ、あれだけ奢りまくっていたら、足りなくなるよ。おなかを壊したことにして、しばらくみんなとご飯を食べに行くのをやめたら」と勧めると、彼は「いいんだ。仲間を喜ばせるのが俺の唯一の楽しみ／娯楽（*starehe*）なんだから」と穏やかに微笑んだ。

たしかに誰かを助けたり、喜ばせたりすることはそれ自体、快楽である。誰かに必要とされ、その求めのいくつかに応じられること、その何人かの希望を叶えられることは喜びであるし、自らを誇る瞬間にも生きがいにも人生の目標にもなりうる。

金欠だと言いながら妻や愛人たちに稼ぎを送金することも、九人の子供がいて稼いでも稼いでも学費に消えていくとぼやくことも、男たちは勝手だと言いながらもキベンテンに衣類を買い与え同胞男性にご飯をつくることも、タンザニア香港組合の活動に寄付することも、交易人たちの土産物の買い物につきあうことも、故郷の人々に贈り物をすることも、「プロジェクト」を構想することにも、その営み自体に快楽があり喜びがあるのだ。だが、当たり前すぎて、あるいはその快楽のもつ功罪に慎重すぎて、私はその事実を忘れがちだ。私は、贈与によって誰かに負い目と権力が生じるのが嫌なのだ。

博士課程の院生時代に調査したタンザニアの零細商人たちも香港のタンザニア人たちもみな、「人生は旅だ（*maisha ni safari*）」と語る。旅だと聞くと、旅の終わりが気になる。私は、彼らが現在の延長線上に単線的な未来を企図していないことも、「退職」や「老後」といった明確な区切りを意識していないことも頭では理解し、それを前提に記述してきた。それでも、いつかは自らの人生を穏やかに受け入れる各々の終着駅に辿り着くに違いないという想像から、私はなかなか自由になれない。香港の不安定な身分、ひとたび成功を掴んでもちょっとした不運や油断でジェットコースターのように転がり落ちる暮らしは、目的地に至る旅の過程だという思い込みに、すぐに私は囚われてしまう。だが、日々の営み自体に実現すべき楽しみが埋め込まれていれば、一生を旅したまま終えても、本当はかまわないのだ。

彼らが現在を生きている背景は、おそらく仲間に分け与えてしまうことと無縁ではない。私は、彼らが窮地にある仲間たちを支援することを素晴らしいと思いながらも、チェスターのようにパーティで散財したり仲間たちに大盤振る舞いをしたりする光景を見ると、「浪費」や「蕩尽」のように感じてしまう。奢られた仲間たちが、「彼/彼女はきっと儲かっているのだろう」といった理解で済ませ、次は自身が同じように奢らなくてはならないとは考えないこと、すなわち「即時的に返済すべき負債」とは思わないことを羨みながら、奢る側はそれでむなしくならないのだろうかと想像をめぐらせたりする。彼らの人生の保険は、貯金ではなく、分け与えられた仲間であるとわかっていても、その仲間がいつ自身に借りを返してくれるかは状況（運）しだいであり、仲間の気分しだいでしかないことに不安を感じることもある。

ただ、私もひと時ではあるが、この分け与えることの快楽に浸ったことがある。博士課程の院生としてタンザニアで調査していた頃、私は友人の路上商人たちや居住区の隣人たちに毎日のように「助けてくれ」「少し融通してくれ」と金品をねだられることにうんざりしていた。当時の私は、調査費を稼ぐためにアルバイトをしていたし、実家の両親に調査費の不足を前借りするのも心苦しかった。タンザニアと日本の間に構造的な経済格差があることは承知しているし、彼らの困難に共感しないわけでもない。私の調査に協力してくれる人々の恩にできる限り、報いたいとも思う。それでも気軽に支援を求められると、日本人だからといって「水道の蛇口をひねるようにお金を手にしているわけではない」といった不満がふつふつと沸いてくる。

私は、あとで調査費が足りなくならないように、封筒に月々の生活費を小分けし、さらに病気などの緊急事態用、文献購入費、通信費、長距離移動の交通費、インフォーマントへの謝金、空港で購入する土産代などと複数の封筒をつくり、細かく管理していた。友人たちに援助することが続くと、各月の封筒から数枚ずつ紙幣を減らしながら、この調子で私は本当に予定した調査期間を終えられるのだろうかと不安に苛まれた。ある日、私はお金について悩むことが心底嫌になり、気持ちがぷつんと切れてしまった。そして、私に日々たかり続ける仲間たちを集めて、ジーンズのポケットを引っ張り出してみせ、スーツケースを開いて、宣言した。

「私が持ってきたお金は、これで全部よ。嘘だと思うなら、いくらでも荷物を調べて。いまからこのお金をみんなに分配するから、それぞれが抱えている直近の問題を解決したら、もう二度と私にお金をねだらないでほしい。それから私は、これから五ヶ月は何が何でも日本に帰国できない。その間の私の面倒はあなたたちがみると約束してよね」

集まった仲間たちは私の提案に賛同し、私の二人の調査助手が、（私がこっそりブラジャーの間に隠し持っていた一〇〇米ドルを除く）すべてのお金を全員に分配した。私はそれから約五ヶ月間、彼らにねだる側に回って暮らした。誰にもお金を無心されず――親しくない人に無心されても仲間たちが「彼女はもうすっからかんだ」と説明してくれた――、多くの仲間たちに奢られ、助けられ、贈与される日々は幸せであり、降りかかる問題をお金を使わずに解決すべく頭を使う日々はスリリングでもあった。

隣人のシティ・バスのコンダクターたちは、私を「メンバー」と呼んで毎日、無料でバスに乗せてくれた。私が「調査のために〇〇に行きたい」と言えば、彼らはそのつど、私が行きたい街に向かうトラックの運転手を探してきて「この子を乗せていってくれ」と頼んでくれた。古着の露店商たちは、「どうせ古着だから」と私に商品を貸してくれたので、私は数多くの露店をクローゼットのように使っていた。幸いに私の仲間たちの大半は商人だったので、食べ物からサンダルまで様々な「売れ残りの商品」をもらうことができた。そのうちのいくつかは転売して金銭に換えたり、他の誰かに欲しいものと交換してもらったりした。儲かった日には仲間たちと酒を飲み、儲からなかった日は水をたくさん飲んだり、歯が欠けそうな硬さの焼きとうもろこしを食べて空腹をごまかした。治療費のかかる近代病院ではなく、親切な近所の伝統医にみてもらうようにした。行商を手伝って稼いだ金もその場で仲間たちに分配した。実際、困ったことなんてほとんどなかった。

当時、私は確かに現在を生きていた。最初に分け与えた人たちが私の生活の糧であり命綱であり、私は、仲間たちの気まぐれな親切と知恵を頼りにすることで、封筒のお金を計算しながら先々のことを思い悩む日々を捨てることができた——帰国したら、さっそく預金残高を数えたのだが——。

ただ先にも述べたとおり、そうした他者に必要とされる快楽、他者を喜ばせる快楽をストレートに表現したり追求したりすることに対して、私はつねに懐疑的である。そして私自身の懐疑に解答を与えるために、本書では自発的な支援を促進しつつ誰にも過度な負い目を固着させない交易の仕組みや、「ついで」を組織するプラットフォーム型の組合活動について、あるいは男女の助けあいの歯車について記述してきた。彼らが大らかに「だって俺はチョンキンマンションのボスだから」と表明することで、自身が多くの人々に必要とされていることや愛されていることを言外に語っても嫌味にも驕りにも感じられない理由は、たぶん彼らが「ボスになること」も「愛されること」も目標にしていないからだ。彼らは商人であって、公式に表明している目標はあくまで「金儲け」であり、ボスになろうとか善き人間であろうとかしないからこそ、心置きなく慕うことができるのだ。

実際に、彼らは他者に親切にすることで何らかの権力や地位を得ることにはほとんど関心がないし、関心を持っても何の権力も地位も得られない。カラマはいつだって「ダメ人間」であり、彼をボスと慕う若者たちに相変わらず「本当にしょうがないおっさんだな。吸いすぎだぜ」とタバコを取り上げられている。チェスターがどんなに奢ってくれようとも、「あいつはマジでやべぇ。ぶっ飛びすぎだぜ」といった評価は変わらない。ご飯を食べさせてくれる顔なじみのセックスワーカーたちは温かい人物であるが、裏稼業をしている時の彼女たちはやっぱり要注意人物である。

相手が何者で何をして稼いでいるのか、なぜ良い人なのに悪事に手を染めているのか、なぜ彼／彼女は私に親切にしてくれるのかといった問いと切り離して、共に関わりあう地点を見つけられるのは、彼らが商売の論理で動くからである。逆説的に聞こえるかもしれないが、誰もが、俺たちは金儲けにしか興味がない、金を稼ぐことは良いことだ、俺たちはどんな機会も自らの利益に換えてみせると公言しているからこそ、気軽に助けを求められるのだ。相手の求めをいかにしてwin-winな利益に変換するか、誰かとともに生きる人生の楽しみに変えるのかは、個々の商売人としての才覚に賭けられている。私はここに資本主義経済に対抗する地点に、贈与経済あるいは分配の仕組みを構想するのではなく、贈与経済や分配経済が潜在的に持っている負の側面を資本主義経済によって動かしていくヒントが隠されていると考えている。

香港からタンザニアに出かける前に、現地で待つジョセフから「香港から持ってきて欲しいもの」をねだられた。最初は、香港や広州で世話になったからと気前よく贈り物を選んでいた私も、「ポロシャツが擦り切れた」「病気の友だちに大蒜《にんにく》エキスのサプリメントが必要だ」「スマホの保護シールが手に入らなくて困っている」などと次から次へとWhatsAppにメッセージが届くようになって辟易し、カラマに「ジョセフが調子に乗って、『あれ買ってきて、これ買ってきて』と際限なく要求してくる」と愚痴った。カラマはげらげら笑いながら、「ジョセフに『それで私にどれだけ儲けさせてくれるのか』と言ってやれ」とアドバイスし、続けて「サヤカが迷惑なら、俺が彼の土産を買ってやる。後は任せろ。俺が二人とも儲けさせてやる。もちろん俺もな」とウインクした。

私はいつでも彼からしてもらったことや彼からもらったモノと、私が彼にしてあげることや彼に与えるモノとの帳尻に囚われる。彼らの「ついで」を組織する知恵を理解しても、いざ自分事になると、私のほうが与えていることに不満に思ったり、私に過剰な要求をしていることに鈍感な彼に怒りを感じたりしながら、しかも相手に気を使わせないように「大丈夫、たいしたことじゃないから」などとやせ我慢したりしている。

けれども、そんな不満は、私自身が知恵を絞って解決すればいいだけなのかもしれない。ジョセフに「スマホの保護シールだけど、一〇枚セットの卸値で買うから他は誰かに売ってくれない？　私の取り分は半分でいいからさ」と提案してみたり、ケータイ交易人のシュワに「友だちが保護シールを欲しいって言っているんだけど、次回シールを仕入れる時に一枚わけてくれないかなあ」とジョセフの要求を押しつけてみたら、意外とうまくいくのかもしれない。

注

（1）小田英里「ガーナ都市部における『シュガー・ダディ』との交際関係——動機をめぐる視座の再考」『Core Ethics』一五号、二〇一九年、四七—五七頁。

（2）前掲書、四九頁。

最終章　チョンキンマンションのボスは知っている

本書では、香港に居住するタンザニア人たちの半生、ＩＣＴや電子マネーを駆使した交易のしくみ、タンザニア香港組合や日々の相互支援を通じたセーフティネットの構築、母国で展開する事業や人生設計などについて、「チョンキンマンションのボス」を自称するカラマを主人公に描いてきた。

カラマは、私が彼を主人公にエッセイを書いていることを知っている。実際にカラマは、事あるごとに「サヤカはいま、俺を主人公にした物語を書いている」と仲間のタンザニア人や母国の友人たちに自慢げに語っている。私はよく「カラマがイスマエルに怒られたってエピソードを盛り込んだ」「Instagramができずにしょげていたという話を書いた」などと、本書の内容について WhatsApp のビデオコールなどを通じて話していた。すると、カラマは「こうやって（肩を丸めて）カラマがしょんぼりしてたって？　はっはっはっはっはっ」などと楽しそうに再現してみせたりする。

だが、カラマの楽しげな様子を見ると、私は不安になる。二〇一八年九月に香港に出かけたときに、彼に「(日本語なので) カラマには読むことができないよね。私が何を書いているのかが心配にならないの?」と聞いてみた。彼は、「香港の出入国管理局は、カラマ (という両親から与えられた名前) ではなく、〇〇 (パスポートに記載されているイスラーム名) しか知らないから、問題ない」と答える。「そういうことじゃなくて、日本の人びとが自分をどう思うだろうかとか、私がおかしなことを書かないかが気にならないのか」と聞き直すと、カラマは「俺は、アジアで長いあいだ暮らしているので、アジア人たちが俺たちの何に驚き、何に関心を持つのかをよく知っている」と言いながら、不敵な笑みを浮かべた。

「(日本で長く暮らしたことのある) イスマエルたち (パキスタン系中古車業者) もいつも言っている。日本人は真面目で朝から晩までよく働く。香港人も働き者だが、彼らは儲けが少ないことに怒り、日本人は真面目に働かないことに怒る。仕事の時間に少しでも遅れてきたり、怠けたり、ズルをしたりすると、日本人の信頼を失うってさ。アジア人のなかで一番ほがらかだけれども、心のなかでは怒っていて、ある日突然、我慢の限界が来てパニックを起こす。彼らは、働いて真面目であることが金儲けよりも人生の楽しみよりも大事であるかのように語る。だから俺たちが、子どもが六人いて奥さんも六人いるとか、一日一時間しか働かないのだというと、そんなのおかしいと怒りだす。アフリカ人は貧しいのだから、一生懸命に働かないといけないと。アフリカ人がアジアで楽しんでいたり、大金を持っていたり、平穏に暮らしていると、胡散臭いことをしていると疑われる。だから俺はサヤカに俺たちがどうやって暮らしているのかを教えたんだ。俺たちは真面目に働くために香港に来たのではなく、新しい人生を探しに香港に来たんだって」

私が彼の教えをちゃんと消化できたのかは心もとないが、確かにカラマたちが教えてくれた暮らし方には、私自身の先入観を覆すのに十分な仕組みと知恵があった。本章では、これまで述べてきたことを改めて振り返りながら、彼らがどのように生きているのかを整理し、本書の序章で提示した通り、私たちの社会にひきつけて考えていくことのできる論点を提示したい。

「ゆとり」のあるチョンキンマンションの暮らし

カラマの印象は、最初の出会いから三年近く経過した現在でも大きく変化していない。この原稿を書いている最中に、彼からWhatsApp にビデオコールがかかってきた。これから彼は、ココナッツミルク入りの魚のトマト煮込みを料理し、仲間たちと一緒に夕食を食べるのだそうだ。きっと夕食の後は、いつものパキスタン料理店の長机かチョンキンマンション脇の路地で仲間たちにネットサーフィンで見つけたコメディ動画を披露したり、母国の家族や友人とビデオコールしたりして過ごすに違いない。

雨が降ったら仕事を休むハメハメハ大王のカラマは、これからも時々取引先の業者に説教されながら、誰にも従属しない自律した商売人であることを誇りにし、多くの業者に「やあ、カラマ、待ってたよ」「兄弟、昼飯を食べていけよ」と迎えられ、巧みな話術で対等に渡りあっていくのだろう。待ちに待った顧客が香港に到着したら、香港の豆知識を得意げに語り、彼らの希望に沿った現実的なビジネスを提案し、香港の業者との仕入れ交渉からナイトライフまで様々な便宜を提供し、彼を「ボス」と慕う後続の仲間を増やしていくのだろう。仕入れツアーの道すがら、「何かついていますよ」と嘘をついて道行く香港人と談笑するきっかけをつくったり、タクシー運転手を巻き込みながら即席レポーターを演じた自撮り映像をInstagramに流したり、交易人たちの買いつけに便乗して様々なビジネスの好機を捉えようと知恵を絞ることも当たり前の日々として続いていく。そして休日にはセックスフレンドと密会し、クラブに出かけてセックスワーカーたちの悩み相談に乗り、仲間たちとパーティをするのだ。

ビーチでのパーティの帰り道、カラマが香港の高級リゾートホテルであるゴールド・コースト・ホテルを指差しながら、「天然石の取引先に接待されて、あそこのオーシャンビューの部屋に宿泊したことがある」と自慢するので、「カラマの人生経験は、本当に豊かだね」と言うと、「(密入国した際に逮捕されて、同ホテルのすぐ近くにある)不法入国者の収容所の窓なし部屋に泊まったこともあるけどね」といたずらっぽく笑った。

第1章で描いたように、高級ホテルも収容所も経験し、何百万を稼いだ月だけでなく若者たちに借金する月も乗り越えてきた「チョンキンマンションのボス」の半生は、波乱万丈である。カラマだけではない。第5章で取り上げたように、香港に逞しく乗り出していくタンザニア人たちの中には驚くべき稼ぎを持つ者もいるが、常に順風満帆ではなく、不安定な身分ゆえの数限りない困難と、香港・中国の投機的で不確実な市場における失敗や窮地に彩られている。それでも不思議なことに、彼らの日常的な暮らしには、何かしら「ゆとり」のようなものが観察される。この「ゆとり」は、彼らが築き上げたシステムによって、彼らが他者と生きていく中で醸成した知恵によって自ら再帰的に生み出しているものである。

自他の「ついで」を飼いならす

第2章では、香港のタンザニア人たちが不安定な生活における不測の事態を助けあうために、タンザニア香港組合を結成していること、さらに同組合が中国広州市のタンザニア人や、ケニア人やウガンダ人とも連携しながら、国境を越えた活動を展開していることを説明した。カラマが述べるように、ひとたびネットワークに参画すれば、世界各地に点在する同胞たちの支援によって、どこで死んでも母国に帰ることができる。だが、こうした彼らの互助は、同胞への支援を自然なこととみなす社会規範ではなく、それぞれの人間がもつ未知の可能性にビジネスチャンスを含めた自らの機会を見いだす「したたかな他者」からの偶発的な応答に賭けられていた。

私は、タンザニア人たちと一緒にいると、しばしば考える。もし私が海外で困難に陥って、同胞である日本人に運よく出会い、助けを求めたとしたら、彼らは私を助けてくれるだろうかと。助けてくれるかもしれない。いやおそらく多くの日本人は、助けてくれるだろう。しかし、私がよく下調べもせずにリスクの高い行動をとったせいで窮地に陥ったと告白したら、「無謀だ」「考えが甘い」などと説教をされそうだ、少なくとも呆れられたり窘《たしな》められたりするのではないかと面倒な気持ちになる。何より自己責任を内面化した私自身が、偶然に出会った見ず知らずの同胞に迷惑をかけることに躊躇してしまう。私が投機性の高い商売に挑戦して一文無しになった場合、どれだけの人間が私のピンチに応答してくれるだろうか。まして現地で警察のお世話になったりしたときに、「自業自得」だと私を責めずに受け入れてくれる人はいるだろうか。

そんな事態には、普通に暮らしていれば、陥らないと考えるかもしれない。かくいう私も「私だけは大丈夫だ」と普段は考えて生きている。ただ、「真面目に努力してリスクの管理をし、できる限り誰にも迷惑をかけずに生きる。それこそが大人であり社会人である」といった規範があまりに強固になりすぎると、無謀な挑戦だけでなく、「案ずるより産むが易し」にみえるような挑戦すらも思いとどまらせることになりうる。

また、いざというときに頼る相手との関係を、いつも常に互酬性を基にして理解すること、助けあいをコミュニティに根ざして期待することにも限界があるように思われる。

フランスの人類学者マルク・アンスパックは、『悪循環と好循環』[1]という著書で「相手も同じことをするという条件」で成立する相互性（互酬性）について論じている。助け合いは、「彼／彼女を助けたら、私が困った時に相手も同じように助けてくれるだろう」と期待しあう好循環の互酬性だ。だが相互性には、「やられたことをやりかえす」という復讐の連鎖、悪循環の相互性もある。アンスパックは、好循環の相互性のためには、相手に自発的に贈与（貸し）を与え、相手との未来の関係を信じて「賭ける」――初めにリスクを引き受ける――必要があり、かつ好循環を維持するために、互いが相手に対する「借り」の感情を持ちつづける必要があるという。

アンスパックの議論の面白さは、こうした好循環の互酬性がいかに容易に悪循環の互酬性にスライドするかを説明しているところにある。

いま私たちが生きている世界では「安心」「安全」が叫ばれ、未来を予測可能にし、リスクを減らすべきだという考え方が前面に押し出されている。この考え方は、「くれるという確約がないと与えることができない」社会的慣習を強化し、即時的に「貸し」「借り」を清算しようとする態度を生みだす。メールも親切もすぐに返さないと不安だ。どうなるかわからない将来に借りを残しておくのは心配だ。そうした関係では、私が与えたものと相手がくれたものが等価であるか、その場その場で貸し借りの帳尻があっているかが常に気になる。そこで、どちらかが「損をしている」と感じると、好循環の相互性はやすやすと、悪循環の相互性へと転化する。「私だけが頑張っている」「私だけが損をしている」という不満とそれが生みだす恐怖――たとえば、ヘイトスピーチなど――は、現代の日本において、友人関係や夫婦関係など人間関係をもつことの煩わしさから、年金や生活保護といった社会制度に対する不信までを覆っている。

アンスパックは、こうした悪循環から抜け出すためには、誰かが自己犠牲を払い、好循環へと飛び込むしかないと結論する。だが、それは未来への不安がぬぐえない者にとっては、危うい精神論にもなりうるし、全体主義に結びつく危険性もある。

こうした互酬性の難しさを前提として、香港のタンザニア人たちの組合活動をみると、そのユニークさがよく理解できる。栗田が述べるように、中国に乗り出していくアフリカ人の多くは、「定住者」ではなく、常に移動する者たち、商業的な旅行者である。流動性が高い者たちのあいだで、コミュニティへの継続的なかかわり、均質的な貢献は期待できない。投機性の高い市場で「一攫千金」を夢みる商売人である彼らのなかにはたんに金持ちと貧乏人がいるのではなく、明日には大金持ちが一文無しになりうる、一文無しが大金持ちになりうる、社会的にも高い流動性がある。彼らは多かれ少なかれグレーな商売をしているが、それでも刑務所の近さは、人によってかなり異なる。そのうえ、少なからず脛に傷のある者たちのあいだでは、互いの素性や背景をあれこれ詮索しないのが、他者に対する優しさでもあり、自身の処世術でもあるとされている。そのような彼らのあいだで、「なぜ彼／彼女は助けられるべきか」「どこまでが自己責任の範囲か」「私だけが損をしていないか」「彼／彼女だけが得をしていないか」を問うことはますます難しいものとなる。それでも災難や困難にともに対処していくためには、長くつきあう、深くわかりあう、強く信頼しあう、確かな絆をつくるといった発想とは、異なるアイデアが必要となる。

香港のタンザニア人たちは、組合活動への実質的な貢献度や窮地に至った原因を問わず、組合員の資格や他者への支援に関わる細かなルールを明確化せず、ただ他者の求める支援に応じるか否かを判断する。そこで、「なぜ私だけが頑張っているのか」「なぜ彼／彼女はいつも助けられているのか」というメンバー間の貢献の不均衡さ、互酬や信頼がさほど問題にならない背景として、本書では「ついで」の論理とICTを駆使した交易システムとの連続性を提示した。

第2章で述べたように、彼らの日常的な助けあいの大部分は「ついで」で回っていた。案内して欲しい場所が目的地への通り道なら連れて行くし、ベッドが空いていたら泊めてあげる。知っていることなら親切に教えるし、ついでに出来ることなら、気軽に引き受けてくれる。国境を越えた遺体搬送のプロジェクトも「ついで」の論理を基盤とした連携プレーで成し遂げられる。ブローカーは、交易人たちに手数料をもらう仕事のついでに土産物の買い物やナイトライフの楽しみ方を教え、そして交易人たちは、母国の最新の情報を教えたり、コンテナやスーツケースに隙間がある時にブローカーたちの家族や友人への贈り物を届けたり、母国で行う事業の資材をついでに運ぶ。誰もがついでに便乗してやっているという態度を表明しているので、この助けあいでは、助けられた側に過度な負い目が発生しない。親切に即時的な返礼がなくても気にしないようにすることが目指されているのだ。

香港で様々なチャンスを掴んで多角的な事業を展開する彼らは、少なくとも見た目には忙しそうではなく、シュワのように「俺は一日一時間しか働かない」と公言する者もいる。「ゆとり」を感じさせる暮らしは、これらのついでの機会における親切を彼ら自身の好機へと変える「(ずる)賢い」他者に対する、徹底的な受動性によって生まれている。

香港のタンザニア人たちは「あれが儲かる」「この仕事にはこんな旨みがある」と様々なアイデアを語るが、実現に向けて着々と準備したりはしない。実際に彼らは、「ゆとり」どころか暇をもてあましてもいる。なぜなら、彼らは、偶然に出会った人びとに自身のアイデアを投擲し、自身の要望に合致する機会を持つ他者が応答する好機をただひたすら待つだけであり、事業計画を練ったり根回ししたりするために忙しく立ち回らないからだ。偶然、自身の働きかけに応答した他者によって商売や生き方を決めるやり方は、大海原にいくつもの釣り糸を垂らし、引っかかった魚でどんな料理にするかを決める方法と似ている。このやり方は、困難に陥った時の支援の求め方にも共通する。そんな不確かな人間関係に期待して本当にうまくいくのかと思うかもしれないが、それはそれで合理的な戦略である。

他者は、無理な相談はさわやかに聞き流し、自身の都合に応じて約束を反故《ほご》にする。組合の会合への参加も寄付額も本当のところは誰も管理しておらず、仕事で都合が合わなかったり、金銭的な余裕がなかったりすれば、貢献しなくても問題にならない。そもそも流動的に動きまわり、それぞれの人生を探すべく独立独歩で生きている他者に、自身の要望を叶えよ、素性の知れない私のすべてを受け入れよと強いることはできない。それでも投げたアイデアやＳＯＳが必ず誰かには拾われ、思い描いていたものとは違っていても何らかの稼ぎ口や糊口が見つかっていくのは、彼らが他者に共感や公共的な振る舞いを期待しているからではなく、他者の「得体の知れなさ」を「未知／不可知の可能性」として歓迎し、上場企業の社長や大統領秘書だけでなく、アンダーグラウンドな仕事をする人々とも「ついで」の親切を提供することで気軽につながろうとするからである。

インフォーマル経済従事者の基本的特徴として指摘されてきたのは、「生計多様化」戦略と「ジェネラリスト」的な生き方である。不確実な状況では、収入源を一本化するよりも複数の収入源に分散投資することがリスク回避の重要な戦略となり、「スペシャリスト」になるよりも多様な仕事をある程度こなせる「ジェネラリスト」を目指したほうが生き延びやすいという議論である。[2] 平たく言えば、「どの仕事が成功するかわからないが、どれかが失敗しても、どれかが生き残れば、食いつなげる」という論理だ。

同様に、自分自身が何でもこなせる人間、完璧な人間になるべく努力して、自身の可能性に賭けていく代わりに、あるいは価値観や資質の似通った少数の同質的な人間と深く関わり、そこでの互酬性、応答の義務にきちんと応答していく代わりに、なるべく多くの能力や資質、善悪の基準、人間性の異なる相手と緩やかにつながり、他者の多様性が生みだす「偶発的な応答」の可能性に賭けることは、「異質性や流動性が高くて、誰が応えてくれるかわからない」という状況における戦略として不合理ではない。どんな仕事でもそれなりにこなすジェネラリストであると同時に、どんな人間ともそれなりに渡りあえるジェネラリストになって、不確実な世界を生きぬくのである。

このようにして、彼らは、他者の事情に踏み込まず、メンバー相互の厳密な互酬性や義務と責任を問わず、無数に増殖拡大するネットワーク内の人びとがそれぞれの「ついで」にできることをする「開かれた互酬性」を基盤とすることで、気軽な助けあいを促進し、香港・中国、マカオ、タイ、ドゥバイ、アフリカ諸国にまたがる巨大なセーフティネットをつくりあげていたのである。

情報通信技術（ＩＣＴ）やモノのインターネット化（ＩｏＴ）、ＡＩ等のテクノロジーの発展に伴い、「ついで」の経済的な価値が注目されるようになった。組合活動を含めた彼らのネットワークは、UberやAirbnbなどのプラットフォームと同じように人々の「ついで」や「無理なくできること」を組織する機能を果たしている。だが彼らの組合は、現代的なシェアリング経済とは、いくぶん発想が異なってもいる。

無駄や取るに足らないことの意味

第4章でも触れたが、シェアや共有の価値が強調されるようになって久しい。例えば、レイチェル・ボッツマンとルー・ロジャースは、『シェア――〈共有〉からビジネスを生みだす新戦略』において、Airbnbやカウチサーフィンをはじめとする膨大な企業の事例を集め、インターネットを通じた協働による「シェアリング経済」の可能性を論じている。「『集団』や『共有』といった意味合いをもつ古臭いイメージのCワード――協同組合、共同体、コミューン――が、コラボレーションやコミュニティといった魅力的で価値ある形として再生しつつある」[3]と。

しかし、ボッツマンらの共有経済への期待は、有形無形の資源の有効活用の可能性と公共的な善の蓄積に資する市民的な行動との組み合わせに基づいている。

「コラボ消費によって、人々はモノやサービスを所有せずに利用することの莫大なメリットに気づいただけでなく、【中略】活発な市民に戻ることができることにも気がついた。【中略】時代にそぐわない過剰消費の習慣から抜け出して、【中略】共同利用にもとづく革新的なシステムをつくることが可能になっている。これらのシステムは、利用効率を上げ、ムダを減らし、よりよい開発を促し、過剰生産と過剰消費によって生まれた余剰を吸収することで、環境に大きく貢献する」(4)

「コラボ消費とは、おままごとのような善意の譲り合いではない。逆に、個人は自由を手放したり、ライフスタイルを犠牲にしなくても資源をシェアできるようなシステムを確立することだ」(5)等々。

じつは私も、多様な起業家たちのアイデアに満ち溢れたシェアリング経済に魅力を感じている。けれども同時に思う。他者に分け与えられるほどの余剰の資源を持ち、より善い社会の実現に貢献することができる「市民」と密接に関係したシェアリング経済から零れ落ちる者たちは、どうしたらよいのだろうかと。「預金ゼロ、住所不定、職業ハスラー、趣味は放浪です」と登録フォームに書いても受け入れてもらえるだろうか。

本書で強調した「ついで」は、その人間がもつ精神的／財政的／能力的／時間的な余力である。だが、香港のタンザニア人たちは、遊休資源や隙間時間の効率的な活用といった目的的な経済の論理で「ついで」を組織しているわけではない。彼らが「ついで」「無理のないこと」を強調するのは、それが与え手にとって有効に活用できる「無駄」だからではなく、「その取るに足らなさ」こそが、それぞれの人生を探しに香港にやってきて、それぞれのやり方で生きている個々の自律性、互いの対等性を阻害しないからである。そして、彼らが互いに支援しあうのは、市民社会、環境持続的な社会の実現ではなく、偶然であっても「ともにある」こととなった得体の知れない他者に「私は、あなたの仲間である」「あなたは、私の仲間である」と表明するためであるように思われる。つまり、彼らは、新しい経済のかたちを動かすためにコミュニティの論理を取り入れたのではなく、仲間との贈与や分配のためにテクノロジーや資本主義経済の論理を取り込んでいるのである。

ボッツマンらは、続けて次のようにも指摘している。

「人類学者や社会経済学者は、何かいいことをしてくれたら、お礼にいいことをしてあげるという、『直接的な互酬性（reciprocity）』の原理を長年にわたり研究している。【中略】親戚同士やお隣さん同士、小さな村の住民同士で取引していた時代、お互いが顔を合わせてやりとりしていた時代、そしてだれとどんなやりとりがあったのかすぐにわかった時代に、お互いが助け合うのは自然なことだったに違いない。しかし、知らない人同士や、離れた場所にいる人の間でモノがやり取りされるコミュニティではどうだろう？

ソーシャルネットワークでは、助け合いが間接的に行われる（間接的互酬性）。そこではもう『私があなたを助ければ、あなたが私を助けてくれる』という単純な前提は成り立たない。いまどきの助け合いの仕組みは、『私があなたを助ければ、だれかが私を助けてくれる』というものだ[6]」

この「私があなたを助ければ、だれかが私を助けてくれる」という原則は、私が香港のタンザニア人の社会的世界を紐解くために関心を持っている原則そのものである。それは贈与交換ではなく、世界各地の狩猟採集民による獲物や食物の分かち合い、一方的な移譲、分配（シェアリング）と呼ばれて研究されてきたものだ。だが、現代のシェアリング経済のシステムは、人類学者たちが狩猟採集民を事例に明らかにしてきたシェアリングよりも幾分「冷淡」なもののようにみえる。

分配は、マルセル・モースのいう「贈与」や「贈与交換」とは異なり、「与える義務」「受け取る義務」「返礼の義務」が揃わないところにポイントがある。一般的な狩猟採取民のイメージはおそらく、運よく狩りに成功した人がそれ以外の仲間に当然のごとく（まるで義務のように）肉を分配し、次に他の誰かが運よく狩りに成功したら、その人も仲間に当然のごとく肉を分配する。こうした惜しみなく与えるという愛他主義的な「一般的な互酬性」を基盤として、コミュニティの成員のすべてが肉にありつける、というものだろう。

ただし、人類学者たちが明らかにしてきた狩猟採集社会は、それほど単純ではない。彼らの社会にも「所有意識」はあるし、嫉妬もある。集団内の能力的な差異もある。だが、分配を受ける側は獲物が貧弱であることをなじり、与える側はひたすら恐縮してそれをわびるといった気配りや、捕獲者と獲物の所有者を分離するなどして、与えられる側に「負い目」が発生したり、一方通行の分配を維持する側に「威信」が生じたりしないような細やかな実践をしながら、(7)不均衡な貢献を問題にしないようにしているのである。

アフリカの狩猟採集民サンを長く研究する丸山淳子は、政府による定住化政策の過程で、それまで小規模な集団で遊動的に暮らしていたサンがかつてない規模で混住するようになった現象に注目して、あらためて彼らの義務的にみえる分配を検討した。そして次のように結論づけた。「与える側も受ける側にも、分配しない／分配を受けないという可能性はひらかれており、とくにギャー〔持ち主〕の意思や自発性は常に尊重される。それぞれが互いの関係性を見極めながら、与えなかったり、受け取らなかったりすることもあり、その場合にも即関係性の断絶にはつながらないような配慮さえなされている。分配は成立すれば『当然のこと』であったかに見えるが、それは人々が配った結果『当然のことに見える』ように実践されているのである(8)」

このように丸山は、一回ごとの分配は個人間で自発的に実践されるものであり、与えることも受け取ることも返礼することも「義務」ではないと述べながらも、それでも彼らが分配をするのは、「ともにあることを望んでいる」という意思表明となり、関係性を更新し続ける原動力となるからだと指摘している。

私は、ＩＣＴを取り入れながら流動的に動いている香港のタンザニア人たちの世界にも、〔当然のことながら、完全に同じではないものの）このような意味での分配が期待され、展開していると考えている。ところが、今日のシェアリング経済は、こうした誰かに負い目と威信を与えないようにする細やかな実践や「私はあなたとともにある」の意思表明の代わりに、評価経済システムによって「与えたり」「受け取ったり」「返したり」がきちんと遂行できない者を排除することで経済的な価値を優位におくシステムとして機能しているようにみえる。

遊んでいることが仕事になる

第3章と第4章では、中古車交易を事例とした、カラマたちの独自のシェアリング経済について描写した。第3章で説明したように、香港のタンザニア人によるブローカー業とは、香港の地理や香港の業者のやり方・手口に不慣れなアフリカ系の顧客と、アフリカ系顧客のやり方や手口に不慣れで信頼できる顧客を見極められない業者とのあいだの「信用」を肩代わりすることで、「手数料」「マージン」をかすめとる仕事である。それゆえ、アフリカ系の顧客と香港の業者が直接取引を重ねることで信用を樹立すると立ち行かなくなる、あるいは自律性を放棄してどちらかのために働く「労働者」となるという不安定さをもっている。

また、カラマたちの手数料やマージンは彼らが交易人に提供する香港での諸々の便宜に対しては支払われず、中古車の購入台数あたりで決まるものであるゆえに、労力対効果の意味でも顧客が母国に留まり、彼らに特定の商品の輸出を依頼することが望ましい事態であった。さらに仲間であると同時に商売敵《がたき》でもあるブローカーたちのあいだでは「ニッチとしての客筋」に対する不侵犯が重視されているものの、それ以外の商品や仕入れ先、ビジネスのコツや交渉術などは、個々のビジネスの実行可能性を高める「コモンズ」として、みなでシェアしあうものとみなされていた。そのため、彼らの間では、目星をつけた中古車を別のブローカーに奪われてしまったり、自身が不本意に購入した中古車こそが別のブローカーが探していた車種であるといった「すれ違い」も生じていた。こうした事態に対処するため、彼らは複数のSNSのプラットフォームを活用して「TRUST」という仕組みを構築していた。

第4章ではTRUSTの仕組みを説明し、彼らがどのように商品やビジネスに関わる情報をシェアする「コモンズ」を協働で蓄積・創出し、個々のブローカーと商品をマッチングさせ、かつ顧客や仕入先の業者の都合に左右されずにビジネスを回しているかを明らかにした。

TRUSTは、香港のブローカーとアフリカ諸国のブローカー・顧客を結びつける仕組みであり、基本的な機能としては、既存のオークション／フリマサイトと類似している。これに参加している買い手は、わざわざ香港に渡航しなくても、香港の複数の売り手が流している写真と情報、価格を比べて、妥当な値段で中古車を仕入れることができる。売り手は、自身が持っている顧客リストよりもはるかに多くの買い手を相手にして、香港でみつけた中古車をなるべく高く安定的に販売することができる。さらにTRUSTは、インフォーマルな送金システムを通して国境を越えた電子マネーによるクラウドファンディングを実現していた。それにより、彼らはすばやく仕入れ費用を集めると同時に、商品も販路も見つけられなかった者のサブシステンス（最低限の生存を支える基盤）を保証していた。TRUSTもインフォーマル送金システムも非常にシンプルで簡便なものである。特別なプログラミング能力も仮想通貨も要らないし、誰にでもできることだ。

重要なことは、一般的なSNSを利用したTRUSTは、専門的なビジネスサイトとは「信用／信頼」創出の仕組み、あるいは考え方が異なっていることである。TRUSTは、取引内容がSNS上で記録され、不特定多数の第三者に開示されており、その気になれば、追跡できるという意味では、あらゆるインターネットを介した取引と同じく、ある種の信用を担保する仕組みになっている。だが、彼らの本当の知恵はプラットフォームで自動的に計算される評価経済システムを採用しないことにある。

現代のシェアリング経済の革新は、テクノロジーを駆使して見知らぬ他者とのあいだで「いかに信用を構築するか」を実現したことにある。上述したボッツマンらの著書に出てくる起業家は次のように語る。

「ほとんどの人は正直です。そして、善意で行動します……ですが、正直でない人もいます。そして相手を騙そうとする人も……それが世の常です。しかし、ここではそんな人たちが身を隠すことはできません。私たちが彼らを追い出すからです(9)」

ICTを介したシェアリング経済の信用システムは、部分的にはインターネットの特性（記録追跡や公開性）によって実現するが、「私たちが彼らを追い出す」の「私たち」とはユーザーであり、「追い出す」とは「評判のシステム」「評価経済」を通じて人間を選別することを指している。つまり、ユーザーどうしの格付けシステムを機能させることだ。

こうした評価システムは、現代において、ますます洗練され徹底化されていっている。信頼できる人と取引するのはあたりまえであるように人は考えるが、そこには落とし穴もあるように思える。ボッツマンは、『TRUST――世界最先端の企業はいかに〈信頼〉を攻略したか』で、このような評価経済の問題を論じている。

「テクノロジーは信頼の輪を広げ、見知らぬ人とのつながりと協調の可能性を解き放ってくれるが、同時に人間同士の垣根を高め、閉鎖してしまうこともある。評判とレーティングは責任感を強め、他人に感じよく接しようという気にさせてくれるものの、社会がレーティングに頼りすぎれば、評判を汚されデジタルの煉獄に永遠に囚われる人達も出てくる(10)」

インターネットを介して誰とでもつながれる時代だからこそ、誰かを評価し選別していくことが当然であるように実行される。自分と同じ意見の人が集まる閉じられた環境にいることで、自分の意見や偏見が増幅される「エコーチェンバー現象」、フェイクニュース、専門家に対する不信感の蔓延……。テクノロジーはそうした負の現象も巻き起こしながら、同時に新たな信用システムの構築を加速させる。

同書に登場するアリババの創業者ジャック・マーはこうした信用の問題を攻略することで成功した。彼は、先に支払いを受け取り、それをエクスロー（第三者預託）勘定に入れ、売り手が商品を発送し、買い手が商品を確かめて満足してはじめて、そのお金が売り手に渡るという「アリペイ（支付宝）」を足がかりに、身元確認と銀行口座の裏づけを得て取得する「トラスト・パス認証」、そして賛否両論を巻き起こした「セサミクレジット（芝麻信用）」の構築へと進んだ。

メディアを通じて良く知られている通り、中国は二〇一四年から一三億人の信用力を格付けするシステムを開発中である。これに呼応するアリババのセサミクレジットは、五つの要素を考慮してユーザーに三五〇点から九五〇点までの点数をつける「信用スコア」を構築し、それに応じて融資可能額の設定を変更したり、空港の優先搭乗券やシェンゲン・ビザなどの特典を提供するものだ。信用スコアの五つの要素は、次のとおりである。①電気代やクレジットカードの代金をきちんと払っているかといった信用履歴、②契約義務を果たす能力である履行能力、③ケータイ番号や住所といった個人的な特徴、④買い物習慣などから測る行動と嗜好（「一日一五時間ビデオゲームで遊んでいるものは、怠け者だ」とみなす等）、⑤つきあう人間の学歴、財政力、政治力、社会的影響力等（ユーザーが自分のスコアを確かめる時には、必ず友だち全員のスコアが表示される仕組みになっており、「より秀でたい」という競争が煽られるだけでなく、誰が自分の足を引っ張っているかもわかる……）。[11]

ボッツマンの論調は、この信用スコアに批判的であるが、彼が期待を込めて語るシェアリング経済も多かれ少なかれ類似の評価システムを持っている。たとえば、『シェアリングエコノミー――Airbnb、Uber に続くユーザー主導の新ビジネスの全貌』の著者アルン・スンドララジャンは、インターネット上の半匿名の個人間の信用として、①過去の取引、②他人の体験からの学習、③ブランドによる保証、④デジタル化されたソーシャル資本、⑤政府と非政府の外部機関によるデジタルと非デジタルの認証の五つを挙げている。[12]

評価経済、評判資本、信用スコア、これらすべては、信用の不履行を防ぐことではなく、信用の不履行を引き起こしそうな人間を排除するアイデアである。シェアリング経済は「シェア」という言葉に覆い隠されがちだが、誰にでも開かれている仕組みでもない。

本書で取り上げたＴＲＵＳＴが基盤とするＳＮＳユーザーは、広義の「友人」である。ＴＲＵＳＴにおける取引相手の信頼は、コメディ動画等を含めた日々の投稿を通じた、より生々しくて個別的な、日々移り変わっていく人格的な理解によって生みだされていた。他者を見極める、好きな相手を選ぶことは人間が友人や恋人、家族、社会を築いていく喜びの一つである。友人や恋人を選ぶときには所得や外見、能力だけではない、良い人か悪い人かに単純に分類しがたい人間性をふくめて評価しあうことを期待するのに、経済活動で取引相手を選ぶときには評価を数値化しシステムに管理させることが自然に目指されるのは、考えてみたら不思議である。いやもしかしたら、そうした経済的な評価システムが社会的な信用を図る評価システムにも浸透し、すでに分かちがたく混淆しているのが、インターネットでの失言や一度の失敗で個人に対する評価を塗り替えてしまう現代的な現象なのかもしれない。

信用システムが確立されれば、信用スコアを獲得するための競争が始まる。業績や社会的地位、能力を高めるための競争、有力者とのコネクションを増やす競争は、人々のあいだの潜在的な差異を序列化することになる。彼らが言うように、特定のブローカーを「信頼できる相手」と「信頼できない相手」と仕分けるよりも、「誰も信頼できないし、状況によっては誰でも信頼できる」という観点に立って、個々のブローカーが置かれた状況を推し量り、ひとたび裏切られても状況が変われば何度でも信じてみることができるやり方のほうが、本人の努力いかんに関わらず足を踏み外したり災難にみまわれたりする不条理な世界を生きぬいていきやすいのではないか。

現在、世界各地でＩＣＴを活用した新しいプラットフォームが模索されている。いかにして安定的に効率的に取引を成立させるかという観点に立てば、ＴＲＵＳＴよりもはるかに洗練されたプラットフォームはいくらでもある。だが、安定性や効率性を追及し、ＴＲＵＳＴを市場交換に特化した専門ビジネスサイトに洗練させていくことは、香港でともに生きる仲間との共存や日々の喜びとビジネスとを切り分けることにつながりかねない。あるいは仲間への親切や喜びや遊びを仕事にするのではなく、稼いだり真面目に働いたりするために仲間に親切にし、喜びや遊びを探すという価値の転倒を生じさせることになる。カラマが述べるように、それではちっとも楽しくないのだ。

リアルな人生と「かりそめの私」

第6章では、便宜的な恋愛や婚姻関係と香港の夜の仕事を紹介し、浮き沈みの激しい昼間の仕事と危うく怪しげな夜の仕事がどのようにつながりながら、彼らの日々の暮らしを成り立たせているのかを説明した。

「難民」「不法労働者」としての不安定な身分を解消し、香港で合法的に居残る道、あるいはアフリカ以外のどこか別の国で合法的に暮らす道、店を構えたり正式な契約書を交わすような取引を開く道の方法のひとつは、現地の人との婚姻である。「望ましい愛」の定義は文化によっても個人によっても異なりうるが、現地の人びとや香港で出会う外国人との婚姻には感情的・情緒的な繋がりが重視される関係ばかりでなく、市民権や経済的な利益を目的とする便宜的な関係もあるようだ。

だが、香港に来た直後やビジネスに失敗して不安定な状態に置かれた男性ブローカーたちの生活をより基底的に支えているのは、香港の夜の街で白人相手に身体を売ったり、その他のアンダーグラウンドな商売をする同胞女性たちである。同胞の男性たちに故郷の料理を食べさせ、パーティ等の開催資金を提供し、セックスを含む細やかなサービスによって擬似的な家庭を形成する彼女たちは、香港のタンザニア人たちのサブシステンスの重要な基盤となるとともに、故郷との情緒的なつながりの結節点ともなっている。

また彼女たちは、特定のタンザニア人男性のシュガー・マミー／スポンサーとして、SNSで喧伝する自撮り写真を撮る彼らのためにブランド衣類を買い与えたり、ビジネスの資本を出資／補填したりし、日常的なビジネスを支えている。それらの異性関係は安定的なものではなく、ビジネスでの成功に応じて支える者と支えられる者は入れ替わっていく。

そうして夜の稼ぎと昼の稼ぎは連動し、違法性の高い商売と合法的な商売のあいだで、男性と女性のあいだで、金銭やサービスが回っていく。それは、香港のタンザニア人たちが「ナショナル」なカテゴリーとしてのタンザニア人ではなく、一種の「家族」「生計単位」としてのタンザニア人を構成する背景になっているようにみえる。

同胞だから助けあう必要があるといった強固な規範がなくても、彼らは、路肩での集まりからタンザニア香港組合までタンザニア人として群れている。そんな彼らは私が日本や香港で遭遇する日本人に関心を持たない様子を目にし、私に愛国心や同胞に対する愛情が見られないことを不思議がる。カラマたちも集まれば、タンザニア政府や大統領を批判するし、香港では「東アフリカ人」「アフリカ人」「移民」「チョンキンマンションの居住者」あるいは「イスラーム教徒」など様々なレイヤーのなかで自己規定を変容させ、特定のカテゴリーを横断しながら暮らしている。文脈に応じてナイジェリア人もパキスタン人も「兄弟」と呼称されるし、国際結婚をしていたり、母国に帰る気はさらさらなく海外で人生を終えたいと語ったりする者も多い。それでも彼らがタンザニア人という単位で群れているのは、香港の生活を「かりそめ」のものではなく、母国とパラレルに存在する、それ自体が価値をもつ「リアルな」ものとして紡いでいるからである。

冒頭で紹介したカラマの語りで示されているように、貧しい国の出身の移民は一般的に、母国に残してきた家族や親族への送金や、帰国後の豊かな生活の実現のために出稼ぎに来ているものだと理解されている。だが、カラマたちと一緒に暮らしていると、香港への移住と金儲けが、遠く離れた母国の人びとのためだけではなく、また自身の将来の夢を実現する「手段」「プロセス」としてでもなく、香港での「いまここ」にいる自身と仲間たちとの生活のためにもあることを実感する。

それは、彼らが日々かなりの金銭を仲間のために「浪費」していることにも示されている。金を稼ぐことは、クラブ文化や誕生日パーティなどの香港で見出した遊びや人生の楽しみのためにも、香港の社会で、「チョンキンマンションのボス」や「パキスタン系住民の兄弟」「シュガー・マミー」「ぶっ飛んだ若者」になるためにも、必要である。帰国するか否かに関わらず、彼らは「どこか」「いつか」のためではなく、「いまここ」にある人生を生きるために稼いでいるのである。そのためにはオフラインで、誰かの稼ぎがリアルに浪費されて分配されるのも大切だ。

他方で彼らは、香港の社会で「何者かになる」「何者かにならざるを得ない」ことの葛藤を、「俺たちは金儲けのためにここにいる」と公言することで軽やかに回避してもいる。カラマは確かに「チョンキンマンションのボス」だが、それは彼がチョンキンマンションに住み続け、後続のタンザニア人に香港生活を指南したり、彼らのトラブルを解決したりする限りにおいてである。「ボス」は、彼が香港での諸々の実践を通じて維持している「かりそめ」の姿でしかなく、稼いだ金銭や権力、実績によって永続的に保有する地位ではない——帰国したら、別の誰かが「チョンキンマンションのボス」になるだろう。同様に「彼／彼女は違法売春やドラッグの密輸をしているかもしれない」という危険な匂いも、香港の特殊な場所で生きる／金儲けするために「かりそめ」にまとったものでしかなく、彼／彼女の永続的な評判を構成しない。

あくまで金儲けのために香港にいると表明しあうことが、バックグラウンドの違いや日々従事する活動の是非を超えて、香港のタンザニア人たちが気軽につながりあうことを可能にしているのだ。偶然に出会った他者がもたらすチャンスによって、いかなる商売でも模索し、それによって何者にでもなる彼らは、どこまでもいっても「商人」である。と同時に金儲けという共通の目標を互いに承認しあうことで、他者との濃密で面倒な関係から距離を取ったり、自由にネットワークを出入りしたり、相手が要求を受け入れないこと、自身が要求に応えないことも許しあう。金儲けの目的は彼らを瞬時につなげると同時に、つながりを適度に切断することも可能にする。「負債」として残すことなく、相手に対する支援をいかにしてwin-winな利益に変換して帳消しにしてしまうか、人生の楽しみに変えるのかに頭を使うのは、商人としてのそれぞれの才覚に賭けられており、彼らは他者の商人としての（ずる）賢さを信じることで、気軽に要求を押し付けあうことができるのである。仲間をつくり贈与を回していくために金儲けをするのではなく、金儲けを仲間や贈与を回していくための「手段」にする。金儲けこそが、社会をつくる遊びなのだと。

愛されているという根拠なき確信

デジタル通貨やビットコインの研究者として知られる斉藤賢爾は、アメリカ合衆国のＳＦ作家ブルース・スターリングの短編小説「招き猫」(13)を紹介している。(14)「招き猫」がアメリカで発表されたのは一九九七年で、物語の舞台は近未来の日本である。

招き猫とは一種の巨大な互助ネットワークであり、人びとは現在でいうところの「人工知能」のようなポケコンを携帯し、「自律的なネットワーク贈答経済」に参加している。例えば、喫茶店で主人公の剛がモカ・カプチーノを注文しようとすると、ポケコンが鳴って同じものをもう一つ注文するように指令がくる。剛がもう一つ同じものをテイクアウトして公園に向かい、ポケコンの合図に従って見知らぬ男性にモカ・カプチーノを渡す。するとその男性はそれが好物であり、ちょうど飲みたかったと語る。このようにポケコンの指示に従って何かのついでに他者に贈り物を届けたり、ささやかな親切をしあうことで、ネットワークに属している人びとのあいだでは、各々が稼いだカネで満たすモノ・コト以外の様々な「必要性」「欲求」が循環している。

斉藤は、こうしたSF的な贈答経済は、ICTやIoT、AI等のテクノロジーの発展により貨幣を（さほど）必要としない融通のソリューション（シェア文化）が形成されてきているいま、現実化しつつあるのではないかと指摘する。

カラマたちと一緒に暮らすと、私はしばしば不思議な気持ちに陥る。彼らはみな「誰も信頼しない」「誰も信頼してはいけない」という。別にひねくれているわけでも、斜に構えているわけでもない。第5章で述べたように、香港のタンザニア人たちはみな裏切られた経験があり、これは現実的な他者理解に過ぎない。そのくせ彼らは頻繁に「俺は、○○に愛されている」「○○は、俺のことが好きだ」と断言する。彼らは、参与しているネットワークに投げ入れた自身の要求やアイデアに偶然に応答する者が現れると、「彼／彼女は、私のことが好きだ」と語るのだ。誰も信用しない／できない世界で私に賭けてくれたのだから、「彼／彼女は私を好きにちがいない」という論理が成りたっているようだ。だがその逆に「彼／彼女は、私を嫌っている」「俺は○○が好きだ」という言葉はめったに聞かない。なぜかといえば、「ダメもと」で投げた要求やアイデアに偶然に応じてくれた他者こそが重要だからだ。応じなかった他者について気に病むのは、そもそも「ダメもと」「偶然」なのだから意味がないし、自分が誰を好きであるかは、私自身の働きかけの成否にほとんど関係しない。

モノやサービス、情報がそのとき必要な誰かに自然に回るシステム、誰かに過度な負い目や権威を付与することなく回っていく分配システムが市場経済の只中に形成されていくことに私は期待している。第6章で触れた、私がひとときだけ経験したような、分け与えることで仲間になり、そのことで仲間がそのとき偶然に有する資源——無賃乗車のメンバーシップや売れ残りの商品——を分け与えつづけるシステムが、広いネットワークで実現したらどうだろう。それによってとくに秀でてもいないし、時に不真面目でもあるけれど、それでも誰かの気まぐれによって必ず生きていける分配経済のユートピアが築かれることを夢想している。それが実現するなら、人工知能でも伝統的な宗教でも何でもいいのではないかとも思っている。

ただ「彼／彼女は、私を好きに違いない」という幸せな確信が繰り返し人生に起きるためには、人びとの偶発的な欲望や欲求が完璧にマッチングできるシステムではなく、バグやエラーが時々起きる不完全なシステムのほうがいいのかもしれないとも考えている。ふだんの私は電化製品に頼りきりであり、人類学者としては妖術に操られる世界があることに違和感もない。いまさら神様が増えてもどうってことはないから、ポケコン（ＡＩ）の指令通りに動くこと自体をむなしいとはあまり感じない。けれども世界各地の神様がすべからく気まぐれであるように、ポケコンにも不条理さを都合よく試練だとか愛だとかに勘違いできるくらいのキャラクターが備わっていれば面白い。

チョンキンマンションのボスは、不完全な人間とままならない他者や社会に自分勝手に意味を持たせることがどういうことかを知っている。自分に都合よく他者や社会を意義づけることにより、裏切られる事態をふくめた不確実性が存在することの重要性を知っている。彼らの仕組みは、洗練されておらず、適当でいい加減だからこそ、格好いい。

カラマに「だから俺は、香港で俺たちがどうやって暮らしているかを教えてあげたのだ」と言われた私は、「でも、私はあなたの優秀な弟子ではないかもよ。カラマが教えてくれたことや伝えたいことをちゃんと理解したかはわからないし、それに私が意地悪してカラマを極悪人のボスのように書くかもしれないよ。そうしたら、どうするの？」と聞いた。カラマは余裕たっぷりな顔をして、「大丈夫さ。サヤカが俺を大好きなことはずっと前から知っている」と断言した。それは事実だ。ただ、私がどうして彼を好きなのかを説明するのは、やっぱり難しい。それは彼にとってはどうでもいいことなんだけれど。

注

(1)マルク・R・アンスパック『悪循環と好循環――互酬性の形／相手も同じことをするという条件で』杉山光信訳、新評論、二〇一二年。
(2)小川さやか『「その日暮らし」の人類学――もう一つの資本主義経済』光文社新書、二〇一六年。
(3)レイチェル・ボッツマン、ルー・ロジャース『シェア――〈共有〉からビジネスを生みだす新戦略』小林弘人監修、関美和訳、NHK出版、二〇一〇年、一三頁。
(4)前掲書、一四頁。
(5)前掲書、二一頁。
(6)前掲書、一七一―一七二頁。
(7)市川光雄「平等主義の進化史的考察」田中二郎・掛谷誠編『ヒトの自然誌』平凡社、一九九一年。
(8)丸山淳子「誰と分かちあうのか――サンの食物分配にみられる変化と連続性」岸上伸啓編『贈与論再考――人間はなぜ他者に与えるのか』臨川書店、二〇一六年、二〇六頁、
(9)レイチェル・ボッツマン、ルー・ロジャース、前掲書、一八一頁。
(10)レイチェル・ボッツマン『TRUST――世界最先端の企業はいかに〈信頼〉を攻略したか』関美和訳、日経

BP社、二〇一八年、二一一―二二頁。
(11) 前掲書、二一八―二二八頁。
(12) アルン・スンドララジャン『シェアリングエコノミー――Airbnb、Uberに続くユーザー主導の新ビジネスの全貌』門脇弘典訳、日経BP社、二〇一六年、一一二頁。
(13) ブルース・スターリング『タクラマカン』小川隆・大森望訳、ハヤカワ文庫、二〇〇一年。
(14) 斉藤賢爾『未来を変える通貨――ビットコイン改革論』インプレスR&D、二〇一五年。

おわりに

大学教員になって、院生時代のようにどっぷりとフィールドに浸かる時間がなかなか捻出できないことがもどかしい。学術論文とは違うエッセイとして好きなことを書いたつもりなのだが、『小説宝石』で連載した原稿をまとめた『「その日暮らし」の人類学——もう一つの資本主義経済』に次いで二度目の連載にしても、やっぱりエッセイストのような文章を書くのは難しいと実感している。

春秋社の篠田里香さんに本書の執筆のために連載を持ちかけられた際、カラマのキャラクターに惚れこんでいた私は、彼を主人公とする「チョンキンマンションのボス」というタイトルの連載にしたいと伝えた。その後、篠田さんに「チョンキンマンションのボスは知っている」という意味深な言葉が追加されたタイトルを提案いただき、「カラマがいったい何を知っているのか」を考えることにした。そうして彼のことを思い浮かべると、あれもこれも出たとこ勝負だし、驚くほど適当だし、怠け者だし、格好つけたがりだし、「あれ、彼って何を知っているんだっけ。じつは何にも考えていなかったらどうしよう。ヤバい、うっかり主人公にしてしまった」とちょっぴり後悔もしながら、最後に何もひねり出せなくても、彼と彼の仲間たちが魅力的であることだけは伝えようと思って書いてきた。それにも失敗していたら、ひとえに私の筆力と力量不足に起因することを付記しておく。

香港の魔窟チョンキンマンション、インフォーマル経済、アフリカ系ブローカー、セックスワーカー、地下銀行など、本書のキーワードを並べると、実にあやしげだ。そんな危険な場所でよく調査したと評価してくれる人もいるが、普通に暮らす分には危険なことなどなにもない——真似しても大丈夫とは断言できないが——。また、アンダーグラウンドな雰囲気が、彼らの魅力というわけでもない。インフォーマル経済や地下経済の住人の魅力は、制度が機能していなくても、それなりにうまくいくのだなと実感させてくれるところにある。私は国家の社会保障制度や警察機構が不要だとは思わない。それらはいずれも私たちの生活基盤として重要である。しかしそういうものがなくても、それなりに自前で生きていける仕組みを築けることは、シンプルにすごいことだといつも思うのだ。

フィールドワーカーのみなが社交的で社会性のある人物であるというのは誤解である。さすがに四〇歳を越えれば、必要に応じた社交性を発揮できる。普段の私は、「いつもにこにこして幸せそうだ」とよく指摘される。だが大人になるまで（なってからも？）「変人だ」「浮いている」と言われ続けたトラウマで、私はコミュニティや濃密な人間関係が苦手でしかたがない。連帯しようと呼びかけられても、集団行動が不得意なので困ってしまう。あまり行儀のよい子どもではなかったせいもあり、正直、近隣住民と聞いて真っ先に思い浮かぶのは噂好きのオバサンや口うるさいオジサンだ――コミュニティの大切さは知っているのだが。私と付き合ってくれる奇特な友人とも、相手から連絡をもらわないと関係を続けられない。カラマたちとのコミュニケーションに必要なのでSNSを見てはいるが、私自身はSNSに何をつぶやいたらいいかわからない。つい一方的に話しすぎてしまうし、しょっちゅう返信を忘れる。私こそがダメ人間である。

しかし独立自営業者であることに価値を置くカラマたちも、基本的には個人主義者にみえる。来る者拒まず去る者追わずのドライな人間関係を好み、深夜に群れていても各自スマホをみて過ごす。何のために集まっているのかよくわからない。他者の生き方に介入することに控えめな彼らは道徳を説かないし、起業家精神たくましい彼らは、政治談議はしても、社会状況や制度に対する不満はあまり語らない――きっと「プロジェクト」を立ち上げるチャンスだと思っているに違いない。それでも彼らは、私のような闖入者にも居場所を提供し、私を彼らのビジネスチャンスに組み入れることで私に「協力してもらっている」という負い目を与えない気遣いまでしてくれる。彼らと一緒にいると、私のような人間でも、他者と深くコミットができなくても、社会は築けるんじゃないかという逆説的なことをつい考えてしまう。いや案外それが言いたかったのかもしれない。

本書では、香港のタンザニア人たちのやり方にも「シェアリング経済」と似通った方法や考え方があること、そして彼らは効率性や便宜性を「ともに生きること」より優位に置いたり、信頼の格付けを目指すのとは違う回路で実践していることを明らかにした。それについて方法論としてのエスノグラフィにより、洗練された社会経済システムの理論化とは異なる、人間社会の可能性を開示した。私たちは必ずしも「危険な他者」や「異質な他者」を排除しなくてもシェアができるということを考える一歩になれば、嬉しく思う。

本書の執筆においては、さまざまな方に大変お世話になった。何より私に商売を教えてくれたカラマをはじめとする、香港・中国の友人たちに心からのお礼を申し上げたい。Karama na Masela zangu wako Hong Kong na China na Bongo, nashukuru sana kwa upendo na msaada wenu! Nimeandika kitabu cha Karama (a.k.a. Bosi wa Chungking Mansions)!!

在外研究期間中に客員教員として受け入れてくださったゴードン・マシューズ教授、ジェトロ・アジア経済研究所の「国際リユースと発展途上国」研究会の皆様、シンポジウムや分科会を企画し、メンバーの一人に入れてくださった先生方、立命館大学大学院先端総合学術研究科の同僚の先生方、院生の皆様、取材や対談を企画してくださった方々、すべての方々の個人名を挙げることは叶いませんが、心から感謝しております。

なお、本書の一部は、論点を切り出して学術論文にしている。これらの学術論文の編集担当者、査読者の方々にも感謝申し上げます。

「緩慢な移動を可能にする海賊システム――中国・香港におけるアフリカ系交易人を事例に」『環太平洋文明研究』三巻、二〇一九年、雄山閣、一二一―一三三頁。

「他動力――香港のタンザニア人たちの『多動力』」『現代思想』二〇一八年一一月号、青土社、一四―一五頁。

「自生的秩序のつくりかた――香港のタンザニア人によるSNSを通じた交易」『福音と世界』二〇一八年一〇月号、新教出版社、二四―二九頁。

「序にかえて――現代的な『消費の人類学』の構築に向けて」『文化人類学』八三巻一号、二〇一八年、文化人類学会、四六―五七頁。

「オートエスノフィに溢れる根拠なき世界の可能性」『現代思想』二〇一七年一一月号、一二三―一三七頁。

「第六章　香港在住のタンザニア人による中古車ビジネス」小島道一編『中古品の国際貿易』調査研究報告書、二〇一八年、ジェトロ・アジア経済研究所、八三―一〇一頁。


また、本書のもととなった調査は、日本学術振興会科学研究費（16H05947）の助成を受けて可能となった。

最後に連載中から温かい励ましと丁寧な感想をいただいた篠田里香さんにお礼を申し上げます。原稿、遅れて申し訳ありません！

＊本書は、「ウェブ春秋　はるとあき」（https://haruaki.shunjusha.co.jp/）にて二〇一八年一月より一二月まで掲載された連載を再構成し、大幅に加筆訂正をほどこし、書き下ろしを加えたものです。
＊本文で言及された団体などの名称、通貨レートなどの情報は、取材時あるいは執筆時のものです。
＊本文の写真は一部を除き著者が撮影しています。

著者紹介

小川さやか（おがわ・さやか）

1978年愛知県生まれ。専門は文化人類学、アフリカ研究。京都大学大学院アジア・アフリカ地域研究研究科博士課程指導認定退学。博士（地域研究）。日本学術振興会特別研究員、国立民族学博物館研究戦略センター機関研究員、同センター助教、立命館大学大学院先端総合学術研究科准教授を経て、現在同研究科教授。『都市を生きぬくための狡知——タンザニアの零細商人マチンガの民族誌』（世界思想社）で、2011年サントリー学芸賞（社会・風俗部門）、本書『チョンキンマンションのボスは知っている——アングラ経済の人類学』（春秋社）で、2020年、第8回河合隼雄学芸賞、第51回大宅壮一ノンフィクション賞を受賞。そのほかの著書に『「その日暮らし」の人類学——もう一つの資本主義経済』（光文社新書）がある。

チョンキンマンションのボスは知っている——アングラ経済の人類学

2019年7月30日　初版第1刷発行
2024年6月30日　　　　第18刷発行

著　者＝小川さやか
発行者＝小林公二
発行所＝株式会社　春秋社
〒101-0021　東京都千代田区外神田2-18-6
電話（03）3255-9611（営業）・（03）3255-9614（編集）
振替　00180-6-24861
https://www.shunjusha.co.jp/
印刷・製本＝萩原印刷　株式会社
装　丁＝西垂水敦（krran）

ISBN 978-4-393-33371-6　C0036
定価はカバー等に表示してあります

蔵　研也

18歳から考える経済と社会の見方

いま私たちの暮らしはどんな局面にあるのか。古今東西の経済史を俯瞰しつつ、AIやアベノミクス、仮想通貨等、現在進行形の社会現象に通暁する術を伝授する、絶好の経済学入門。　1980円

N・トンプソン／大沢章子訳

文化戦争

やわらかいプロパガンダがあなたを支配する

映画、広告、音楽、美術。今や政治家や企業は「文化」を武器に競うように大衆の感情に訴えかけようとしている。選挙CMから都市開発、企業の社会貢献までその仕組を考察。　2640円

J・ブルーダー／鈴木素子訳

ノマド

漂流する高齢労働者たち

一見、キャンピングカー好きの気楽なリタイア族。その実、車上生活しながら過酷な労働現場をわたり歩く人々がいる。ジャーナリストが数百人に取材、老後なき現代社会をルポ。　2640円

A・ボータ／岩井智子・岩井方男訳／越野　剛監修・解説

女たちのベラルーシ

革命、勇気、自由の希求

〝欧州最後の独裁国家〟でおこなわれた2020年の大統領選で打倒ルカシェンコを掲げ、反体制派を率いた3人の女たちの軌跡。命がけの抗議運動と、理不尽な弾圧の実態をルポ。　2420円

P＝A・ドネ／神田順子監訳／清水珠代・村上尚子訳

世界を喰らう龍・中国の野望

いまや世界最大の問題児・中国。ウイグル・チベットの人権問題や政治体制から環境破壊・拡張主義など、問題を総合的にとらえ、対策を考える老練のジャーナリストの意欲作。　2750円

▼価格は税込（10％）。